KB236088

김영옥 교수의 자녀교실

아이들의 생각에 날개를 달아주자

김영옥 저

학지사

내가 유치원을 떠날 때

　　　　　　박현아 올림

유치원을 떠나게 되니까
이상한 느낌이 든다.
(슬픈 느낌)

　그림 그리고　노래부르고 (제목 나는 눈이 좋아서)
반지 만들고　　팔 쓰지 만들고
춤추고　　생일파티하고
공부하고 정말 즐거운 우성유치원
원장선생님 사슴반 토끼반 다람쥐
반 선생님　모두모두 보고싶겠다.
이 다음에 커서 TV는 사랑을
싣고에서 만날것이다.

　　　　　1997년 1월 26일

아이들이 성장해가는 모습을 지켜보고 있노라면 맑게 다가오는 잔잔한 감동에 젖어들게 된다.
누군가 아이의 세계를 들여다보는 것은 가장 개성있는 어른을 만나는 것과 같은 즐거움이
있다고 하지 않았던가? 자신이 본 "TV는 사랑을 싣고"라는 텔레비전 프로그램에서는
보고싶은 사람을 한 사람씩밖에 못 만나는데 어떻게 여러 선생님을 다 같이 만날 수 있을까
걱정하는 아이의 생각이 훗날 아름답게 맺어지길 기원하며.

"엄마, 제일 갖고 싶은 보물 있어요? 세상에서 아주 아주 좋은 게 뭐냐고요?"

"글쎄…? 뭐가 좋을까?"

"말해봐, 뭐든지." 아이는 다그쳐 물었다.

적당한 대답을 찾지 못하고 아이의 얼굴을 쳐다보았다.

"우리들은 말고…. 살 수 있는 걸로 말해야 돼요."

'네가 제일 좋다'고 할 것 같은지 얼른 못을 박았다. 다행히 나는 내 생일이 머지 않았음을, 그리고 아이가 선물 때문에 고민하고 있음을 금방 알아차릴 수 있었다.

"음, 엄마는 학용품이 좋아. 잘 써지는 펜이나…, 그래, 포스트 잍! 전화받을 때 쓸 수도 있고 책의 중요한 곳을 표시할 수도 있고, 엄마가 제일 많이 쓰잖니!"

아이는 이내 안심을 하고 돌아섰다.

며칠 뒤에 나는 참으로 기찬 선물을 받았다. 그것은 학종이 여러 장을 딱풀로 붙여 만든 '접착식 메모지'였다. '엄마, 선물을 마련하지 못해서 만들었어요.'라는 말과 함께…. 나는 그때서야 어제 저녁에 아이가 책상에 붙어앉아 학종이에 낱낱이 딱풀을 칠하고 있었던 이유를 알 수 있었다. 아마도 말라붙기 전의 학종이는 찐득찐득 뜯어지는 훌륭한 '포스트잍'이었으리라. 이 귀하고 아름다운 선물을 받아드는 순간 나도 모르게 눈물이 나왔다. 그리고 가슴이 깨끗이 씻겨지는 것 같았다. 아이들 가슴의 맑은 멜로디는 분명 우리의 여유없는 가슴을 적시기에 충분한 것 같다.

간호사가 된다고 했는데 선생님이 되고 싶다고 바꾸어도 될까? 되고 싶은 것이 생길 때마다 바꿀 수가 있나? 이런 아름다운 고민에 대하여, 세상에는 즐겁게 할 수 있는 일이 많다고 얘기해 주고 싶다. 그리고 아이들의 꿈을 엿보며 이 감동을 가능한 한 오래도록 간직하고 싶다. 그 여운이 오래 머무는 만큼 내 마음도 순화될 것이기 때문이다.

여러 곳에서 원고를 청탁 받을 때마다 나의 생각들을 좀더 구체화하게 되었고, 그 많은 유아교육 이론과 어떤 관련이 있는가 고민하게 되었으며, 여러 사람과 공감하며 나누는 계기가 될 수 있었다. 이러한 내 마음의 여정을 조금이나마 오래 간직하고자 이 책을 엮게 되었다. 이 책의 내용들은 그동안 국내의 일간지나 잡지, 사보에 썼던 육아 관련 글을 모은 것으로, 생활 속에서 느끼는 유아교육에 대한 평범한 생각들로부터 보다 이론과 연결된 내용에 이르기까지 모두 5부로 구성되어 있다.

이 조그만 책이 나오기까지 여러 사람의 관심과 사랑이 담겨 있음에 감사드린다. 늘 학문적 동기를 주시는 은사님, 동료 선후배 교수님들, 사랑과 격려로 지켜보시는 부모님, 가족에게 뜨거운 감사를 드린다. 항상 사려깊은 재판관의 노릇을 담당하는 현준이 그리고 신선한 자극을 주는 현아의 도움이 컸음을 기억한다.

지난 몇년간 나의 생각을 채찍질해 준 〈프뢰벨사〉, 〈영교〉, 〈예향〉, 〈전남일보〉, 〈송원〉의 김지원 · 정희정 · 임소영 · 임미

희·박수현 기자를 기억하며, 원고의 정리와 교정에 도움을 준 전남대 유아교육과 양미애·백만희 조교 선생님, 삼육유치원 황혜성 원장님과 김현·신유경에게 고마움을 표한다.

언젠가『대답을 기다리자』를 출간하면서 먼 훗날 내 생각이 무르익게 되면 양육에 관한 좋은 책을 한권 쓸 수 있기를 소망하였다. 역시, 아직도 먼 훗날 풀어야 할 과제인 듯 싶다. 다만『대답을 기다리자』에 성원해 준 많은 분들께 조그만 보답이 되었으면 한다. 유아교육의 이론과 실제에 대한 내 작은 생각을 함께 나눔으로써 더 정교하게 다듬어가고 싶은 바람이다. 이 부족한 내용이 유아교육을 공부하는 분들에게 조금이나마 도움되기를 바라며, 출판을 맡아주신 학지사 김진환 사장님과 편집부 여러분께 깊은 감사의 마음을 전한다.

1997년 초여름,
김영옥 씀

□차 례

마당 3 엄마, 옛날이야기 해줘요

마당 4 이 다음에 커서 무엇이 될까?

마당 **5** **인생의 성공을 좌우하는 정서지수**

마당 1
우리는 진정한 어른인가?

감자야 감자야 빨리 쪄져라

　어느 날 오후, 엄마가 아이에게 감자를 쪄주기로 했다. 엄마는 흙묻은 감자를 씻어 다듬고 이제 막 불 위에 얹어 놓았는데 아이는 빨리 달라고 아우성이다.

　"다 쪄져야 먹지, 금방 못 먹는 거야." 아무리 설명을 해도 기다리지 못하며 "이제 됐어?" 하고 열두 번도 더 묻는다. 성질이 급한 아이는 짜증을 내고 엄마를 때리기까지 하며, 심지어는 뒹구는 경우도 있다. 익지 않은 감자를 줄 수도 없는 엄마는 조금만 참으라니까 왜 그리 급하냐고 실랑이를 하게 되고 진땀이 나는 경우를 보게 된다.

　사실 아이들은 시간개념이 없는데다 감자가 익는 시간을 알고 기다린다는 것이 쉽지 않다. 어떤 일에 몰두하고 있다 보면 어느새 감자가 쪄질 것인데, 옆에 와서 바라보고 있으니 그동안 할 일이 없는 것이다. 마치 사람을 기다릴 때 무언가 일을 하면서 기다리는 것과 시계만 들여다보고 초조하게 기다리는 심정의 차이와 같은 것이다.

　이럴 때는 우선 감자를 빨리 먹고 싶은 마음을 쓰다듬어 줄 필요가 있다.

"너, 굉장히 빨리 먹고 싶겠구나!" 아이는 칭얼대는 속도를 다소 늦추면서 고개를 끄덕일 것이다.

"그래, 엄마도 빨리 쪄졌으면 좋겠다. 감자가 쪄지면 어떻게 될까? 모양이 그대로 있을까? 지금 말랑말랑해지고 있을 거야. 우리가 먹고 싶은 감자를 한번 그려볼까? 다 쪄지면 뚜껑을 열어서 정말 똑같은가 보자." 등과 같이 기다리는 동안에 할 수 있는 일거리로 자연스럽게 유도하면 도움이 된다.

다 쪄진 감자는 물론 평상시의 감자를 그리는 것과 다르지 않을 것이나, 김이 모락모락 나는 감자의 상을 종이에 옮겨놓는 과정은 적어도 소리치고 떼쓰며 짜증난 마음을 참고 순화시키는 데 도움이 된다. 당장 빨리 내놓으라는 아이의 주문에 무작정 "기다려야지. 왜 참지 못하니!"라고 대응하기보다는 "감자야, 감자야 빨리 쪄져라~"와 같은 매개적 생각이나 행동을 유도하는 것이 즉각적이고 격분된 감정을 정제하는 데 도움을 주는 것이다.

사진첩도 교육적 자원이 된다

가족들이 사진을 보게 되면 으레히 아이들이 먼저 끼어들기 마련이다. "나 좀 봐", "나도 볼래" 하고 고개를 어른의 팔밑으로 들이밀거나 어떤 아이들은 휙 뺏으려 하기도 한다. 또 더러운 손으로 마구 잡으려 하기 때문에 어른들이 높이 올려서 보기도 하고 "나중에 봐라", "어른 먼저 보고 보는 거다" 하고 뿌리치기 일쑤다. 어떤 어머니는 "손은 대지 말고 봐라" 하면서 자신이 사진을 들고 보여만 주기도 한다.

그러나 거리를 두고 구경만 해야 하는 아이는 성에 차지 않고, 엄마는 사진을 차분히 감상할 기회를 놓치게 된다. 아이들 때문에 잘 보지 못했다고 나중에 차분히 볼 기회를 찾기도 하고, 어른들 보신 후에 보여주겠다고 실랑이를 하기도 한다. 심한 경우는 멀리서 휙 보여주고 나중에 보여주겠다는 기약없는 약속을 하는 수도 있다.

아이들은 주변세계를 지각하고 경험하여 개념화함으로써 학습한다. 이러한 개념은 지식이나 정보를 이끌어 내는 생각의 핵심이 된다. 두세 살의 아이들도 사진 속에서 자신을 찾아낼 수 있으며, 자기나 친구 또는 가족의 얼굴을 구별해 낸다. 이러한 활동은 비단 자신을 찾아 내는 표면적인 것뿐만 아니라 유아 자신에 대한 자아존중감이나 타인에 대한 관심과 존재를 받아들이는 연합적인 개념을 잠재적으로 형성해간다. 사진에서 친구를 찾아봄으로써 비슷한 점과 다른 점을 알게 되며, 후에 감각적·지각적 인식의 바탕을 이룸으로써 궁극적으로 개념을 확대하도록 돕는다.

사진을 보지 못하게 하기보다는 비닐 주머니나 작은 사진첩에 넣어서 마음대로 손대고 넘기며 볼 수 있게 해보면, 어린 유아는 물론 초등학교 저학년 아이들도 의외로 사진보기를 즐긴다는 것을 알게 될 것이다. 사진보기는 사진 속에서 사람과 물건의 관계를 경험하고 생활의 변화를 인식하는 가운데 자신과 가족의 존재와 관계를 터득하게 되는 좋은 교육적 자원이 될 것이다.

구호보다는 자세한 방법을

미국의 어느 어린이 도서관 화장실에 다음과 같이 손씻는 순서가 쓰여 있었다.

```
① 손에 물을 적신다.
② 비누칠을 한다.
③ 손바닥과 손등을 씻는다.
④ 손톱 끝을 손바닥에 문지른다.
⑤ 손가락 사이를 씻는다.
⑥ 손목을 씻는다.
⑦ 잘 헹군다.
```

조금 나이가 어린 아이들은 번호를 하나씩 읽어가면서 해 나가다 보니 시간이 상당히 걸리기도 하고, 조금 큰 아이들은 제법 빨리빨리 씻을 수도 있다. 아주 어린 아이들은 손가락 사이를 씻다가 자세히 들여다보기도 하고 순서를 바꾸면 안된다고 서로 옥신각신 의견을 교환하기도 한다. "손목을 씻는 것은 여섯번째인

데 너는 왜 비누칠을 하자마자 손목을 씻니?"하고 물어보기도
한다.

　나름대로 아이들은 각자의 수도꼭지 위에 쓰인 일곱 가지 내용
을 손을 씻을 때마다 확인하고 순서화하는 기회와 대화를 통하여
생활과 습관의 한 부분으로 길들여 나가는 것이다.

　사실 아이들에게는 '손을 깨끗이', '수돗물을 아껴 쓰자'와 같
이 일상생활에서 지켜야 할 일이 피상적일 때가 많다. '물을 아
껴 쓰자'를 가르치기 위해서는 '수도꼭지를 튼다', '다시 조금
잠근다'와 같은 세분화 된 절차가 도움이 된다. 어린 아이들은
수도꼭지를 조절하여 처음부터 조금만 트는 것이 어렵기 때문에
물이 바깥으로 튀겨나가지 않도록 다시 조금 잠그는 절차를 생각
하는 것이다.

　눈을 뜨면 해야 할 일 조심해야 할 일이 너무 많은 생활이다

보니 부모는 아이들에게 "깨끗이 씻어라", "엘리베이터 탈 때 조심해라"와 같은 말을 자주 하게 된다. 물론 가장 좋은 방법은 어떻게 씻을지, 또 어떻게 조심해야 할지 한 단계씩 함께 해보는 것이 바람직할 것이다. 그러나 적어도 '구호'보다는 그 안에 생략된 '자세한 절차와 방법'을 일러둘 필요가 있다.

동화책에 날짜를 쓰는 이유

어느날 엄마와 아이는 어수선하게 널려진 동화책을 함께 정리하기로 하였다. 흩어진 동화책을 주섬주섬 모아서 책꽂이에 꽂기도 하고 가지런히 책상 위에 놓기도 하던 중에, 낡아빠진 책표지 한 장을 발견하였다. "왜 겉장만 돌아다니니?" 하며 엄마가 알맹이를 찾으라고 하자 "어디 있는지 몰라요. 그리고 그거 다 떨어져서 못 볼텐데…" 하면서 너무 찢어지고 더러워진 것이니 그냥 버리자고 하였다.

그러던 중에 아이는 책표지의 맨 왼쪽 구석에서 '○○년 ○월 ○일 XX서점, 할아버지 사주심' 이라고 쓰인 메모를 읽을 수 있었다. 오래 전이지만 할아버지께서 사주신 그 특별한 날의 의미를 떠올리게 되자 책더미 가운데 주저앉아 앞뒤를 뒤집어 보았다. "알맹이가 어디 있을텐데…" 하며 찾아보겠다고 하였다.

조금 전까지만 해도 먼지 묻어 돌아다니는 낡아빠진 책표지 한 장이 이제는 할아버지가 사주신 의미있는 책의 겉장으로 아이에게 다가온 것이다. 결국 그림 한 장에 담긴 조그만 역사와 사연이 아이로 하여금 그것을 쉽게 버리지 못하도록 만든 것이다.

사람에게도 역사가 있듯이 물건에도 변화한 자취가 있을 때 의미있는 물건이 된다. 의미있는 물건은 '버리고 또 사면 되는 것'이 아니라 조금이라도 '아끼고 보관하는 것'이 될 수 있다.

동화책을 샀을 때 장소, 날짜, 사게 된 동기를 다음과 같이 간단히 메모해보자.

'1996년 7월 1일, XX 서점, 엄마와 함께…'

반찬의 이름을 알려주자

아이들이 다른 어른들과 음식점에 가서 식사할 기회가 생긴다. 한 어른이 "너 잘 먹는구나", "이것도 먹어봐라", "그래야 튼튼하지?" 하며 시금치 나물을 앞으로 밀어준다.

"무슨 나물인줄 아니?" 하고 물으면 "몰라요…"라고 대답하는 경우가 있다.

아이의 엄마는 "아니! 집에서 많이 먹어봤지 않니?" 하며 의아해 한다. 아이는 먹어보았다고 고개를 끄덕인다. 그러나 이름은 알지 못한다는 것이다.

이런 상황은 종종 일어난다. 매일 먹는 음식이나 반찬이라도 또 자주 보며 만지는 물건이라도 그 이름에 대하여는 신경을 쓰지 않기 때문이다. 매일 "이것 먹어라", "저것도 좀 먹고…, 골고루 먹어야 튼튼하지…"라고는 했지만 누구든지 구체적으로 '토란국'이나 '버섯찌개', '고사리 나물'과 같이 이름을 알려주는 데는 별 신경을 쓰지 않기 마련이다.

아이들이 만 2세가 지나 3세가 될 무렵이면 특히 물건의 이름에 흥미를 느껴 질문을 하기 시작한다. 이때 "그것(혹은 저것) 좀 가지고 와라" 하기보다는 "그 종이(혹은 크레용)를 가지고 와라"
라고 해보자. "이것을 저쪽으로 놓아라"라는 말보다는 "크레용을
~" 또는 "저 동화책을~" 하고 물건의 이름을 말해주는 것이 좋
다. 마찬가지로 식사때나 간식을 먹을 때에도 "이것 먹어라",
"저것 먹어라" 하기보다는 때때로 "국을 먹어라", "토마토 먹어
라" 하고 이름을 알려주어 보자.

   아이는 '이것', '저것' 이라는 막연한 대상보다는 그 이름에 흥
미와 관심을 갖고 단어와 어휘를 보다 확장해갈 것이다.

넘치는 상점 스티커 이용하기

　상점이나 업소마다 크고 작은 스티커를 만들어 돌리는 일을 흔히 보게 된다. '양념통닭', '중국집', '과일가게', '한의원', '컴퓨터 세탁'에 이르기까지 그 크기와 모양과 색깔도 다양하다. 주로 이런 스티커들은 대부분 싱크대 문이나 냉장고 뒤, 그리고 남의 눈에 잘 띄지 않는 곳에 붙여두기 마련이다. 그러나 스티커가 한두 장도 아니고 계속해서 같은 것도 오기 때문에 구석에 갖다 붙이거나 무심히 버리게 된다. 언젠가 필요할지도 몰라 적당히 붙여놓은 스티커로 인해 찬장문이나 수납장 안쪽이 복잡하고 지저분하게 되기도 한다.

　이럴 때는 쓰다 남은 공책이나 겉장이 두꺼운 일기수첩을 마련하여 스티커가 생길 때마다 아이와 함께 붙여보면 재미있는 활동이 된다. 처음에는 함께 붙여나가지만 재미가 나면 차츰 아이 혼자서 줍고 붙여나가기 바쁘다. 똑같은 스티커가 발견되면 먼저 붙였던 것을 찾아 바로 옆에 또는 겹쳐서 붙여나가도록 해볼 수 있다.

　아이들은 만 2세가 되면 이제까지 실제적이고 구체적으로 눈에 보이는 것에만 제한되었던 사고로부터 상징적인 것을 사용할 수 있게 된다. 또 유치원 후반기로부터 초등학교 저학년 아이들은 물건을 수집하는 것 자체에 관심을 갖는다.

'중국집 스티커'나 '과일집 스티커'는 단순히 종이가 아니라 상점이 상징하는 다양한 아이디어를 연결하여 정신적으로 표상하는 능력을 발달시키는 것이다. 글자를 알기 시작하는 아이들은 자기가 잘 아는 동네의 상호를 보다 친숙하고 의미있는 환경으로 받아들이게 된다. 연령에 따라 초등학교 저학년 아이에 이르기까지 공책의 줄에 맞추어 붙여볼 수도 있고, 자신이 그리던 그림의 한 부분을 디자인할 수도 있을 것이다.

수십 가지 종류의 스티커는 요즈음 문구점에서 가장 잘 팔리는 물건 중의 하나이다. 상점의 스티커는 반복해서 뜯었다 붙였다 하는 재미에서부터, 정보를 정리하고 조직하는 능력을 기르게 되는 훌륭한 교재가 될 수 있을 것이다.

다정하게 이름을 불러주자

아파트에 사는 한 아이와 아저씨가 엘리베이터에 같이 탔다. 물총을 가지고 탄 아이는 처음에는 바닥에 조금 쏘아보더니 계속해서 벽을 향해 여기저기 쏘기 시작했다.

"이 녀석! 물장난 하는 것 아니야."하고 아저씨가 아이에게 주의를 주었다. 아이는 잠시 멈추는 듯하더니 슬금슬금 다시 쏘기 시작했고, 1층 문이 열리자 쏜살같이 사방으로 물을 쏘아대며 뛰어나갔다. 아저씨는 이번에도 "얘, 너 그러면 안돼! 알았지?" 하고 다짐을 받았다. "네"하고 우렁차게 대답을 하고 간 아이였지만 얼마나 아저씨의 말씀이 머리에 남아 있을까 의문이다.

이럴 때 가능하면 "얘, ○○야, 엘리베이터 안에서 물장난 하는 것 아니야" 또는 "○○야, 그러면 안돼"하고 이름을 불러보자. 만일 모르는 아이라면 우선 이름을 물어보자. 성급히 그 행동만을 안된다고 하기 전에 이름을 물어보고 나서 "○○야, 밖에 가서 하자"하고 주의를 주는 것이 도움이 된다.

이름이란 나를 나타내는 자아의 핵인 동시에 자신에 대한 의무와 책임감을 느끼도록 하므로, 단순히 사람이나 사물을 부르는 것 이상의 의미를 갖는다. 이름을 중요하게 여겨 고심하여 만들고 때로는 사람이나 사물에 이름을 붙여주는 명명식을 성대히 치르는 것을 보아도 잘 알 수 있다.

　가까운 아이들에게 "얘~", "너~"라는 표현보다는 이름을 불러주면서 주의를 주어보자. 아이는 보다 신중하게 책임의식을 가질 것이며 내 이름을 아는 옆집 아저씨의 말을 조금은 더 다정하게 또 주의깊게 받아들일 것이다.

한 번이라도 분명한 꾸짖음을

　한 상점에서 엄마와 남매로 보이는 아이들이 장난감을 고르고 있었다. 네다섯 살 가량의 여자아이와 일고여덟 살쯤 되어 보이는 남자아이는 서로 자기 것을 사달라고 이러저러하는 가운데 싸움이 붙었다. 한참을 옥신각신 하던 끝에 어린 여자아이가 화가 난 나머지 "이 나쁜 놈" 하고 욕을 했다.

　이 소리를 들은 엄마는 깜짝 놀라며,

　"아니, 너 어디서 그런 못된 욕을 배웠니? 오빠보고 그게 무슨 소리야! 잘못했지? 잘못했다고 말해" 하면서 계속해서 주의를 주기 시작했다.

　아이가 미처 생각하고 대답할 겨를도 없이, 그 정도로는 성이 차지 않는 듯 엄마는 또 말을 잇기 시작했다.

　"너 평상시에도 오빠에게 너무 버릇이 없었어."

　"너 정말 또 그럴래?"

　끊임없는 주의사항은 상점을 나올 때까지도 계속되었고 길을 걷기 시작하면서도 계속되었다.

　"한 번만 더 그러면 아무 것도 안 사줄 테야."

엄마는 아이가 다시는 욕을 하지 못하도록 주의를 주고자 했으나, 그 의도와는 달리 어디서 배웠느냐에서부터 평상시에 버릇이 없는 것에 이르기까지 나무라는 범위가 너무 넓었고 일방적이었다. 또 "한번만 더 그리면~"과 같은 일종의 '기약없는 선언'을 하는 셈이 되었고, 결국 다음에도 비슷한 잔소리를 되풀이하게 될 가능성은 높아진다.

　이럴 때 여러 번의 긴 주의사항보다는 한 번이라도 짧고 분명한 주의를 주는 것이 효과적이다. 우선 욕을 했을 때 아이의 눈을 똑바로 마주보고 따끔하게 '나쁜말'임을 일러둔다. 키를 낮추고 몸을 숙여 눈높이를 맞추면 더욱 좋을 것이며, 엄마가 좋지 않은 말 때문에 화가 나 있음을 분명히 알린다.

　여러 사람이 있거나 물건을 사는 급한 상황에서 대충 넘어가고 난 후 끊임없이 잔소리를 하는 것보다는 되도록 시간이 흐르기 전에 엄격하고 분명하게 주의를 주면 엄마의 가르침이 보다 효과적으로 전달될 수 있다.

옷은 왜 옷걸이에 못 거니?

유치원의 소꿉놀이 영역을 들여다보고 있으면 웃지 못할 일도 생기고 또 스스로를 되돌아보게 되는 일도 많이 있다. 두 아이가 엄마와 딸의 역할을 맡아 놀이를 한다. 엄마는 동화책도 읽어주고 맛있는 것도 주다가 식탁에 음식을 차려놓고 딸아이를 부른다.

"애야, 밥 먹어라~" 한두 번 그러다가는 벌컥 화를 내며 "엄마 말이 안 들리니? 왜 밥 먹으러 안 오는 거야?" 하고 소리를 지른다. 다른 상황에서도 거의 비슷한 순서가 반복된다. "엄마 말이 안 들리니?", "벗은 옷은 왜 제자리에 못 거니?", "좀 걸면 어때!"

사실, 아이들에게 사용하는 언어가 자신도 모르는 사이에 점점 급하고 과격해져 있다. 무감각하게 습관처럼 사용하고 있는 말은 또 얼마나 많은가?

"왜 신발은 똑바로 못 벗어 놓니?", "옷은 왜 옷걸이에 못 거니?", "다 쓴 가위는 왜 제자리에 못 놓니?", "다 본 비디오는 왜 못 갖다 주니?", "들어와서는 왜 손을 못 씻니?", "네 물건은 왜 못 챙기니?"와 같이 부정적인 표현들이다.

"학교 갔다 와서는 왜 숙제부터 못하니?"라는 것도 학교 갔다 와서는 숙제부터 하라는 속타는 마음의 표현이지 꼭 이유를 묻고자 하는 것도 아니면서 "~해라" 하기보다는 "왜 못하느냐"고 타성에 젖어 나무라게 된다.

일상생활의 조그만 일에 부정적인 언어를 사용하면 할수록 여유가 없어지고 상당히 거칠고 추궁하는 식의 표현법에 길들여지게 된다. 야단맞는 아이도 만성이 될 뿐 아니라 나무라고 난 엄마의 마음도 썩 좋을 리 없으면서도, 말을 여러 번 했는데도 듣지 않는다고 생각하는 순간 감정이 조급해지고 공격적인 어투가 된다.

"왜 똑바로 앉아서 못 먹니?"와 같은 부정적인 표현을 "똑바로 앉아서 먹어라"와 같이 긍정적인 표현으로 바꾸어 보자. 아이와의 '싸움'이 '대화'로 바뀌기 시작할 것이다.

마음에 그려지는 아버지의 모습

　어느 유치원에서 '식구'란 함께 밥을 먹고 자며 생활하는 사람들이라는 뜻이라고 이야기 한 날, 모두 자기집 식구를 그리기로 하였다. 아이들이 하나 둘씩 다 그린 그림을 선생님 앞으로 가져왔다. 한 아이가 분명히 아버지가 계신데 아버지를 그리지 않았기에 선생님이 물었다.

　"아빠가 안 계시니?"

　"아니요."

　"그런데 왜 아빠는 안 그렸니?" 하고 물으니 도화지를 뒤집어 뒷장에 그린 아빠를 가리켰다. 식구는 함께 밥을 먹고 자는 사람인데 바쁜 아빠를 거의 볼 수가 없으므로 망설이다가 뒷장에 그렸다는 것이다.

　예전에 비해 확실히 젊은 세대의 아버지일수록 아이들에게 자상한 모습을 많이 보여주는 것 같다. 모든 아버지가 다 아이와 함께 많은 시간을 보내줄 수 있는 것은 아님에도 불구하고 부득이한 사정으로 바쁘거나 직업상 아이들과 놀아줄 형편이 되지 못하는 아버지들의 설 자리가 상대적으로 더욱 좁아진 느낌이다.

더불어서 아이를 바라보는 가족의 마음도 괜스레 불안하다. 아버지를 종이 뒷장에 그린 아이의 모습을 측은하게만 생각한 나머지, 아버지가 생각날 수 있는 사진이나 물건을 오히려 보지 못하도록 하는 가족도 보게 된다.

그러나 아버지가 곁에 없는 것을 불만스럽게 생각하거나 아버지를 생각나게 하는 물건을 치워버리기보다는, 아버지의 좋은 이미지를 심도록 가족이 도와주어야 한다. 바쁘기만 한 아버지는 불만의 대상이 될 수 있으나 열심히 일하며 바쁘게 사시는 아버지의 긍정적인 모습을 생각하고 그리워하는 것은 오히려 정서의 순화에 도움이 된다.

편지를 읽거나 같이 앉아 음식을 먹는 기분을 느끼게 하는 것도 하나의 방법이다. 또 미숙하나마 편지를 쓰거나 그림을 그리는 것도 도움이 된다. 평상시에 접던 종이배가 아빠에게 드릴 귀한 선물로 의미가 붙여지는 동안 아이의 마음에 그려지는 아버지의 모습은 결코 부정적일 수 없을 것이다.

안전에 대한 준비와 배려

　미국에서 아이들을 데리고 수영장에 갔을 때의 일이다. 대학교 캠퍼스 안에 있는 수영장이라 크게 붐비지도 않았고 수심이 얕은 곳이 따로 있었다. 그곳에서 아이들만 풀에 들어가게 하고 나는 가장자리에 있는 의자에 앉아서 지켜보고 있었다. 그런데 주위를 둘러보니 거의 코너마다 안전요원이 의자에 앉아 물 속에서 놀고 있는 아이들의 모습을 지켜보고 있었다. 사람도 많지 않았고 물도 그다지 깊지 않은데다 그리 크지도 않은 교내 수영장에 안전요원이 두세 명이나 있었기에 크게 걱정할 것 없다고 생각하며 무심히 앉아 있었다.

　한 여자 요원이 가까이 오더니 다음부터는 아이들과 같이 들어가 있는 것이 더 안전하겠다고 일러주었다. 나는 아이가 물에 뜨는 조끼튜브를 걸쳤고, 큰 아이가 옆에서 같이 수영하고 있으며, 또 바로 눈앞에서 내가 이렇게 지켜보고 있으니 괜찮을 거라고 했더니 조금 안심하는 듯하며 다시 의자로 되돌아가서 자리를 지켰다.

　그러나 아이와 수영장을 나올 때까지 그 중에서 가장 나이가

어린 우리 아이와 또 다른 가족의 아이에게서 눈을 떼지 않고 지켜보고 있는 여자 요원의 태도에 놀라지 않을 수 없었다. 더구나 또 한 가족의 아이는 아버지와 같이 수영을 하고 있는 아이였는데도 말이다.

이들의 안전에 대한 세신한 배려와 친절은 때때로 우리를 되돌아보게 한다. 차를 타고 길을 가다 보면 거의 1마일(약 1.6킬로미터) 전부터 '공사중'이라는 표지판이 보이고 또 0.5마일 남았다는 표지가 나온다. 그리고 조금 지나면 공사가 끝난 곳이라는 표지가 친절하게 붙어있을 뿐만 아니라 조그만 블록 하나가 패어 있는 곳에도 '주의' 표지가 붙어 있어 운전자가 미리미리 준비할 수 있게 하는 것도 눈에 들어온다.

그뿐만이 아니다. 아파트 청소부 아저씨가 날마다 현관 입구에 '바닥이 젖어 있음', '미끄럼 주의'와 같은 노란색 표지판을 세워놓고 물걸레 청소를 하는 모습도 인상적이다.

파도를 어떻게 탈까?

해변에서 어린 아이들이 가장 좋아하는 놀이 가운데 하나가 아마도 파도타기일 것이다. 바다에서 아이와 수영을 하러 가거나 오는 길에 재미있는 파도타기에 대하여 얘기할 기회가 생긴다. 그러나 무조건 "파도타는 것 재미있지?" 하고 파도타기 전체에 대하여만 얘기하기보다는 "파도를 어떻게 탈까?" 또는 "어떻게 탔지?" 하고 생각해보게 하는 것도 아이에게는 구체적인 경험을 조직하는 일이 된다.

파도를 타고, 막고, 지나고, 헤치고, 넘는 등 파도타기에서 실제로 했거나 할 수 있는 일을 표현해보는 것이다. 또 멀리서 파도가 밀려오고 있을 때 "이번에는 막아보자", "이번에는 넘어보자" 또는 "속으로 들어가보자" 하는 식으로 그때그때의 다른 방법을 놀이 속에서 얘기해 볼 수 있다. 파도를 가로질러 가고, 껴안고, 파도높이만큼 뛰어볼 수도 있을 것이다.

"지금부터는 파도를 마중가자, 파도를 향해 달려보자." 파도 속에서 샤워를 하는 일도, 눈을 감고 서 있을 때 밀려가는 기분을 느껴보는 일도 즐기게 될 것이다. 아이는 아마도 파도를 줄넘

기처럼 넘어보자고 할 수도 있을 것이며, 파도보다 먼저 달리려고 밀려오는 거품이 없어질 때까지 해변가로 있는 힘을 다하여 달려보기도 할 것이다.

막연히 '재미있었다'고 하기보다는 어떻게 재미있었는지 생각해보는 좋은 기회가 될 수 있다. '바람이 분다'는 간단한 현상도 얼마나 자세히 설명하느냐에 따라 한두 줄에서 몇 장이 될 수도 있을 것이며, 솔솔 부는지 휙휙 몰아치는지 그 강도와 범위에 따라 느껴지는 감정 또한 달라지기 마련이다. 아이는 놀이 속에서 사물과 현상을 다양하게 분석하고 그것을 '파도타기'라는 전체 속에 통합하게 되며, 바닷가에서 파도를 타고 재미있게 놀았다는 사실을 보다 섬세하게 표현할 수 있게 될 것이다.

장애인에 대한 진정한 사랑

　장애인 올림픽이 열리고 TV나 신문지상을 통해서 이들이 선전하는 모습이 보도되었다. 어려움을 극복하고 혼신의 힘을 다하는 모습을 지켜보며 누구나 그들을 대견해하고 격려하는 심정이 된다. 미국 사람이나 우리나 모두 장애인이나 특수아를 지켜보는 심정은 마찬가지일 것이다. 어른들은 이 틈에 아이들에게도 "몸이 불편한데도 저렇게 노력하지 않니?" 하고 모두들 한마디씩 충고를 했을지도 모른다. 그러면서도 우리에 비하면 미국은 이들을 위하여 실제로 많은 일을 해놓았음을 느끼게 된다.

　어느 나라든지 대부분 장애인을 위한 법은 제정되어 있다. 그러나 문제는 그 법이 실효를 거둘 수 있도록 얼마나 구체적으로 세분화된 안이 마련되어 있는가 하는 데 있다. 그 나라가 얼마나 복지국가인가의 정도는 이들에게 어떻게 혜택을 주고 권리를 찾아주며, 사회의 일원으로 살아갈 수 있도록 배려하는가의 정도에 달려 있다고 해도 과언이 아닐 것이다.

　미국의 장애 아동들은 정상 아동과 한 교실에서 공부하는 경우가 많다. 물론 주나 구역의 행정과 재정에 따라 다르지만 이들에 대한 배려는 많은 것을 느끼게 한다.

그리고 다른 아이들로 하여금 장애를 피부로 느끼고 그들의 불편함을 알며 경험하고 배우도록 하는 데도 깊은 뜻이 있다. 격리하고 멀리하기보다는 한 학교에서 함께 생활하는 동안 자연스럽게 도와주고 한편으로는 자신의 상황에 감사하는 마음을 느낀다는 것이다.

미국의 길거리는 물론 지하철, 엘리베이터, 공중 화장실과 건물에도 장애인이 편하게 들어갈 수 있도록 배려해 놓은 것을 쉽게 발견할 수 있다. 그뿐만 아니다. 대학 졸업식 안내장의 캠퍼스 약도에까지 휠체어에 탄 사람의 모습을 그린 빨간색 마크가 여기저기 보인다. 식장을 찾는 장애인들이 주차를 하고 건물을 찾아 식에 참석하거나 캠퍼스를 돌아볼 수 있도록 친절하게 안내 표지가 그려져 있는 것이다. 아이들에게 인간에 대한 사랑을 가장 자연스럽게 그리고 구체적으로 가르치는 일이 아닐 수 없다.

가위를 보면 무슨 생각이 나니?

언젠가 생물을 전공하는 학자가 조그만 표본상자를 보여준 적이 있었다. 속이 훤히 들여다보이는 상자 속에는 콩이 세 알 들어 있었는데, 막혀 있는 공간에서 세 개의 콩알들이 조금씩 움직였다. 콩알 속에는 조그만 벌레가 들어 있었기 때문에 이 속에서 벌레가 움직일 때마다 콩알이 들썩거리며 조금씩 구르는 것이었다. 움직이는 콩알 표본상자를 놓고 사람들의 반응은 상당히 다양했다. "신기하다", "벌레가 얼마나 견딜까?", "벌레의 힘이 대단한데", "콩이 저렇게 소리를 내고 움직이다니!" 등등.

그런데 그 가운데 한 사람은 그 표본을 더 이상 보고 싶지 않다고 했다. 뒤주 속에 갇혀 세상을 떠난 우리나라 역사 속의 사도세자 생각이 난다는 것이다. 표본상자를 만든 것은 딱딱한 콩알 속에서도 움직이는 생명의 힘을 보이고자 한 것이다. 다른 사람이 모두 이와 관련된 반응을 보일 때 남들과는 달리 역사를 떠올리는 일은 어떻게 보면 참 엉뚱한 생각 같았기에 사람들은 의아한 표정을 지었다.

아이들과 때때로 사물이나 현상을 볼 때 생각나는 것을 얘기해보는 것도 귀중한 학습이 된다. 그렇다고 아이에게 갑자기 가위를 보면 무슨 생각이 나는지를 물어본다면, 아마도 아이는 가위 생각이 난다는 단순한 대답을 할 것이다. 또 자를 수 있는 종이 생각이 난다고 할 수도 있을 것이다. 처음부터 색다른 생각을 하기를 기대하고 "그것 말고 다른 생각나는 것 없니?"라고 말하기보다는, "엄마는 가위를 보면 미장원이 생각난다" 하고 자연스럽게 공간을 확장해본다. 가위 생각만 난다던 아이는 할머니가 사주신 학용품을 떠올리고 문구점을 떠올리며, 가위와 가장 가까운 사물에서부터 시작하여 생각을 연결해 갈 것이다. 그러다 보면 가위의 손잡이를 보고 연상되는 강아지의 귀를 생각할 수도 있을 것이며, 결국 가위와 전혀 연결될 것 같지 않던 장면이나 현상과도 관련지어 나가게 된다.

　조그만 사물 하나를 놓고도 사람은 각기 다른 것을 연상하기 마련이다. 그러나 이 연상작용이야말로 창의력과 표현력의 원동력이 되는 것이기도 하다. 무엇보다도 중요한 것은 처음부터 시공을 초월한 생각을 기대하지 않고, 가위를 보면 가위 생각이 난다는 단순한 생각을 격려하는 일이다.

우리는 진정한 어른인가?

어느 회갑연에서의 일이다. 작지 않은 호텔에 사람들이 모두 앉아 조용히 사회자의 말에 귀를 기울이고 있을 때였다. 말쑥하게 차린 아이가 느닷없이 달려와 자리에 앉더니 식탁 위에 올려놓은 콜라병을 만지는 것이다. 그러더니 병따개를 가지고 콜라병, 사이다병, 맥주병을 돌아가며 두드리기 시작했다. 아직 축사와 기념사 등의 식순이 끝나지 않았기 때문에 사람들은 아이의 행동에 신경이 쓰이면서도 힐끔힐끔 쳐다보며 다시 사회자의 말에 귀를 기울였다.

그런데 아이는 점점 소리를 지르고 "나 콜라 먹을래" 하면서 그 병을 따려고 부산스럽게 움직였다. 사람들은 미간을 찌푸리기 시작했고, 저러다가 엎지르면 어떻게 하나 심난한 표정이면서도 때때로 축사에 박수도 치고 사회자의 말에 웃기도 하며 또 아는 사람과 눈인사를 하기에 바빴다.

기어이 아이가 병을 넘어뜨리고 엎지르는 등의 소란이 일어나자 한 아주머니가 "애, 네 엄마는 어디 계시니?" 하고 물었다. 아이는 들은체만체 병을 만지고 두드리는 악기연주(?)를 계속했고, 손에 묻은 음료수를 여기저기 카펫 바닥에 털었다. 아이의 새옷이 더러워질 때에야 그 아이 뒤에 서 있던 아주머니가 얼른 식탁 위의 냅킨으로 아이의 손을 닦아주며 엎어놓은 컵을 바로 세우고 콜라를 따라 주었다. 바로 아이의 어머니였다.

조용히 해야 할 장소에서 그렇게 소란을 피우는 아이를 눈앞에 보면서도 가만히 있는 엄마도 문제였고, 나아가 그러는 아이에게 "지금은 그러면 안 된다"고 꾸짖어주는 어른 하나가 없는 것도 지금 우리들의 모습이다.

사람이 많은 곳에서 떼를 쓰게 되면 민망하고 귀찮은 마음에 엄마는 그저 내버려두고 아이의 요구를 쉽게 들어주게 된다. 물론 난리를 피우는 아이가 조용히 타이른다고 해서 말을 들을 리는 없지만, 아이는 그것을 이용하게 된다. 아이는 손님이 계실 때 뭘 해달라고 요구하거나, 내가 이렇게 하면 다 들어준다는 적절한 분위기를 민감하게 파악하기 마련이다. 잘못된 행동을 그대로 내버려두는 엄마나 그러한 행동에 엄하게 한 번 꾸짖지 못하는 우리는 진정한 어른인가 되돌아보게 된다.

마당 2
빛나는 성취는 인내의 결과

음식을 함께 나누는 의미

아이들과 외식을 해본 부모라면 누구나 공감하는 일일 것이다. 아이들은 서로 따로따로 자신들이 좋아하는 것을 고집할 뿐만 아니라 부모가 제안하는 음식과 의견이 맞지 않을 때가 많다. 결국 아이들은 햄버거와 같은 자기가 좋아하는 것을 먹고 부모들은 한식이나 어른의 구미에 맞는 것을 따로따로 가서 먹는 일이 점점 많아지는 것 같다. 모처럼 외식을 하겠다고 나가서 가족이 모두 흩어져서 먹는 셈이다.

어떤 부모들은 별로 먹고 싶지는 않지만 아이들이 좋아하는 것을 따라 그쪽 음식점에 가서 허기를 면하는 정도로 만족한다고 한다. 부모세대와 자녀세대는 물론, 할머니 할아버지를 모시고 나가면 그야말로 더욱 분리현상이 심해진다. 부모가 아이들을 따라 햄버거 집으로 갈 수도 없기 때문이다.

서로 구미에 맞는 것을 먹는 것이 좋다는 데는 반론의 여지가 없으나, 가족이 함께 같은 음식을 나누는 일이 자꾸 희박해지게 된다. 그러다 보면 언젠가는 문화와 대화도 점점 단절되기 마련이다. 이제부터라도 그 횟수를 조금이라도 줄여보자. 하나의 절

충안으로 아이들이 좋아하는 것을 사가지고 부모쪽으로 와서 같이 먹는 것도 한 방법이다.

"우리는 옛날에 없어서 못 먹었다"거나 "그것을 무슨 맛으로 먹느냐?"고 하기보다는, "햄버거 안에는 무엇을 넣었니? 그 안에 들어있는 양파가 우리가 지금 먹는 찌개에도 들어 있다"는 식으로 부모와 아이들이 먹는 음식에 서로 관심을 보이고 맛보는 것도 좋을 것이다.

명절이나 가족이 모이는 기회가 많을 때이다. 아이들이 명절음식이나 어른들이 좋아하는 것은 안 먹는다고 단정하지 말고 함께 맛보는 노력을 기울여보자. 음식을 공유하는 일은 단지 맛있거나 또는 즐거운 일을 넘어서서 사람과 사람, 생각과 생각 그리고 과거의 시간과 미래의 시간을 연결하여 대화와 문화의 장을 열게 하기 때문이다.

지난 일을 순서지어 보기

명절을 지내면서 평상시보다는 많은 일들을 경험하게 된다. 여러 사람을 만나고 특별한 음식도 먹으며, 길거리나 가게의 모습도 바쁘게 움직이고, 친척들의 이야기를 들을 기회도 많아진다. 아이들과 함께 경험했던 일을 '순서대로 말해보기'로 하면 의미 있는 학습의 기회가 될 수 있다.

기차를 타고 큰아버지나 작은아버지 댁에 간 것에서부터, 세배를 드리고 옥상에 올라가 뛰어놀다가 부침개를 먹은 일을 생각해 보는 동안, 지나간 시건을 순서화하게 된다. 연령에 따라 가장 오래 전에 일어난 일부터 지금까지를 돌아가며 얘기하는 놀이를 할 수도 있을 것이다. 또 할머니께서 오신 일과 당숙 댁에 전화를 걸었던 일 중에서 '먼저'와 '나중'에 생긴 일로 구별해 볼 수 있을 것이다. "산소에 가서 처음에 무슨 일을 했지? 그 다음에는 무슨 일을 했지?"와 같이 성묘에 관련된 일로 초점을 맞출 수도 있을 것이다.

어린 아이들이 사건을 순서짓는 일은 사물을 구별하는 일로부터 시작되며, 또한 비교하는 능력에 근거하여 전개된다. 한 살에서 한 살 반의 유아는 소리를 구별하게 되고 두세 살의 유아는 크고 작은 물건을 구분할 줄 안다. 유치원 아동들이라면 다섯 가지를 넘지 않는 정도의 일을 순서지어 보다가 점점 늘려볼 수 있을 것이며, 유치원 후반기나 초등학교 저학년 아이들이라면 어떤 일이 시간이 더 많이 걸렸는지를 알아보는 것도 의미있는 활동이다.

'산소에 올라가는 시간이 더 길었을까, 할아버지께서 절을 하시는 시간이 더 길었을까?'와 같은 생각은 사건의 전후를 통한 시간의 흐름을 알 수 있을 뿐만 아니라, 측정개념을 발달시키는 데도 도움이 된다. 어린 유아들에게서는 절을 하는 시간이 더 길었다는 재미있는 대답을 들을 수도 있다. 자기중심적인 생각에서 산소에 올라갈 때는 재미있었지만 어른이 절하시는 것을 기다리는 것은 힘들었기 때문에 그렇게 느껴질 수 있을 것이다.

지난 일을 순서대로 기억해보고 자신의 생활을 정리하는 일이 앞으로의 일을 계획하는 데 도움이 되는 것은 물론이다. 또한 아이는 사건을 순서화 해보는 과정에서 측정개념뿐만 아니라 적절한 호칭이나 사물을 세는 방법 또는 다양한 어휘도 찾아낼 수 있을 것이다.

엄마! 잘할 수 없을 것 같아요

"엄마! 나는 못할 것 같아요" 또는 "어차피 잘되지 않을텐데…"라는 아이들의 말을 듣는다. 어린 아이들의 부모는 "그게 무슨 소리니?", "너는 얼마든지 잘할 수 있어" 하고 자신감을 불어넣어주려 할 것이다. 또는 "어차피 뛰어나지는 못하더라도 하는 데까지는 해봐야지 무슨 말이야?" 하는 식의 충고를 해주기도 할 것이다.

급속하게 변하는 다양한 정보화 사회 속에서 아이들도 많은 것을 보고 들으며 자라고 있다. 또 과거 어느 때보다도 우리는 물질의 풍요를 누리고 사는 듯하다. 그럼에도 불구하고 자신감도 없고 무기력해지는 아이들을 의외로 많이 보게 된다. 아이들의 성장과정에서 때때로 자신없어 하는 경우가 생기는 것이 당연하다고 생각하면서도, 바쁜 현대사회의 성취를 강조하는 분위기에서는 상대적으로 그것이 심각하게 보여질 수도 있을 것이다. 어쩌면 아이들뿐만 아니라 어른까지도 무엇인가 풍요로우면서도 상대적으로 무력감이 생기는 우리 사회의 공통된 특징일 수도 있다.

심리학자들은 어렵게 느껴지거나 앞으로 해결해가야 할 과제에 대하여 아무리 애써봐도 좋은 상황으로 바뀔 가능성이 없다고 느낄 때, 또 의욕을 잃어버리는 상태가 무력감이라고 설명한다. 반대로, '애써보면 잘될 수 있을지도 몰라'와 같이 바람직한 방향으로 변화될 수 있다고 믿고 성취하려는 감정의 상태는 "유능감"이다. 즉, 잘할 수 있다고 믿는 느낌이나 의지를 뜻한다.

나이가 어린 아이일수록 "나는 잘하지 못할 것 같다"는 말에 무조건 "너는 잘할 수 있다"고 말로만 용기를 주는 일로는 충분치 않으며 또 설득력도 없을 때가 있다. 소위 무력감을 유능감으로 바꾸어주는 데는 스스로 할 수 있다는 '자율'과 다른 사람과의 따뜻한 인간적 교류가 필요하다. 혼자서 유치원에 갈 수 있다는 사실, 스스로 동화책을 옮겨놓은 일, 전화를 잘 받아놓은 일을 떠올리게 하자. 그리고 다른 친구와 함께 만든 작품을 높이 평가해보자. 아이가 알게 된 작은 지식이나 작업을 통하여 얻은 희열을 누군가와 나눌 때 잘할 수 있다는 감정은 더욱 강렬해진다. '다른 사람'이라고 하는 존재는 유능감의 원천으로서 뿐만 아니라 그러한 감정을 증폭시키는 역할을 하기 때문이다.

나이에 맞는 손쉬운 놀이자료

　백화점의 유아용품 코너를 돌아다니다 보면 아이들의 옷이나 소품들이 눈에 띄게 화려하고 다양하게 진열되어 있는 것을 볼 수 있다. 또 상점이나 문구점에도 아이들의 장난감이나 놀이자료가 수북하게 쌓여 있으며 그 가격도 만만치 않다. 어떤 것은 너무 비싸서 '누가 사 갈까? 장식용인가? 팔리기는 할까?' 하고 의아해하게 된다. 그러나 판매원에게 물어보면 이상하다는 듯이 쳐다보며 없어서 못 판다고 대답해 준다.

　장난감은 어느 연령에서나 마찬가지시만 자신의 발달욕구에 적절한 것일수록 좋으며, 이러한 욕구가 반드시 비싸고 유행하는 장난감을 통해서 채워지는 것은 아니다. 설령 이것을 모르는 바가 아니더라도, 연령에 맞는 놀이자료를 구해주는 일에 신경을 쓰기도 전에 아이의 손에 이끌려 막연히 사주게 되기도 한다.

　만일 신생아를 위한 딸랑이라면 요즈음 흔하게 볼 수 있는 작은 플라스틱 우유병을 씻어 그 속에 콩이나 팥과 같은 곡식을 넣고 겉을 포장한다. 급한 대로 색깔있는 손수건으로 묶으면 백화점 신생아 코너에 즐비한 비싼 상품보다 훨씬 값진 놀이자료가 될 수 있다. 또 인형이나 헝겊동물을 잔뜩 사다가 신생아의 머리 맡에 놓아주는 것을 보게 되는데, 이는 오히려 두 살 정도의 아이들에게 더 적합한 자료이다. 실제로 끌고 다니고 가지고 다니면서 안아준다든지 역할을 부여할 수 있을 때 그 활용도가 높기 때문이다.

만 2세아 정도라면 운동량이 많아지므로 끌고 다니고 밀고 다니는 바깥놀이 용품도 적절하다. 꼭 상점에서 산 덤프 트럭이나 수레가 아니더라도 선물포장에서 벗겨낸 흰색 스티로폼 상자 앞부분에 끈을 달아주면 끌고 다닐 수 있는 멋진 마차나 수레가 될 수도 있다. 또 두세 살의 아이들에게는 만들고, 누르고, 짜고, 자를 수 있는 밀가루 점토 같은 것도 감각적인 경험을 하게 하며 소근육을 발달시키는 데 도움이 된다. 물론 집에서 함께 밀가루 반죽을 만드는 일도 가능하다.

두세 살의 유아는 창의적인 작품을 만들기에는 아직 어리므로 그릇에 있는 구슬을 다른 빈 그릇에 옮겨 담기, 욕조에 배 띄우기, 스폰지에 물을 묻혀 표면을 닦기와 같은 일상의 일들도 의미 있는 놀이이다. 이것도 집에 있는 폐품을 가지고 얼마든지 쉽게 준비할 수 있는 자료들이다. 장난감을 사기 전에 아이의 나이에 맞는지, 그리고 집에 쌓이는 폐품으로 대치할 수는 없는지 점검해보자.

빛나는 성취는 인내의 결과

　마라톤 선수가 올림픽에서 우승하여 금메달을 받게 되는 순간 사람들은 환호를 지른다. 자신이 메달을 받은 것처럼 기뻐하며 박수를 보내기도 한다. 그리고 한마디씩 덧붙인다. 그것은 대체로 "연금을 타겠다", "고생 다 했다", "이제 한평생 편히 살 수 있겠다"와 같이 주로 승리의 결과가 가져다 주는 보상에 관련된 것들이다.

　자기 나라 국가가 울려퍼지고 금메달이 목에 걸어지는 순간 눈물이 글썽한 우승자의 모습이 클로즈업될 때 가슴이 뭉클해지는 것은 누구나 공감하는 일일 것이다. 때로는 아이들과 지켜보며 그 빛나는 성취에 격려를 보내기도 한다.

　그러나 그 빛나는 기쁨의 순간이 오기 위해 그가 뿌린 땀과 노력에 대하여, 우리가 아이들과 이야기를 나눌 기회가 얼마나 있었는지는 의문이다. 그가 받게 될 상금, 앞으로 누리게 될 위치와 기회, 만나게 될 사람과 가보게 될 나라에 대하여는 이야기하면서도, 그가 몇 미터를 어떻게 달렸고 지쳐서 위기에 처했을 때 어떻게 극복했는가에 대해서는 이야기할 기회가 많지 않은 것 같

다. 또 몇초를 앞당기기 위해 평소에 몇 시에 일어나서 훈련을
했으며, 졸음이 올 때 어떻게 이겨냈으며, 쉬고 싶고 놀고 싶을
때 어떻게 극복했는지의 과정에 대해서는 소홀하지 않았는가 하
는 것이다.

한 사람의 성공이 우연이나 행운으로 간주된다면 아무도 땀흘
려 노력하려 하지 않을 것이다. 물론 행운도 따라주어야 할지 모
른다. 그러나 그 결과가 노력이나 인내의 과정으로 조명될 때 아
이들로 하여금 감동을 느끼게 하며 자신의 의지에 바른 동기를
불러일으킬 수 있다.

고도의 산업화 사회가 되면서 우리는 더 조급해지고 과정보다
는 그 결과에 대해서 더 많은 관심을 갖게 되었다. 그에게 주어
지는 특전을 이야기하는 일도 물론 아이들에겐 대단히 흥미있는
일이다. 그러나 특전이 주어지기까지 그가 뿌린 인내의 과정을
좀더 밀도있게 조명해줄 필요가 있다.

엄마에게도 엄마가 있단다

어느날 아이가 물었다.

"엄마, 할머니는 누구야?"

"할머니는 아빠를 낳아주신 분이지."

"그러면, 외할머니는 누구야?"

"외할머니는 엄마를 낳아주신 분이야. 엄마의 엄마란다."

잠시 후 엄마의 말이 이어졌다.

"엄마에게도 엄마가 있단다."

아이의 눈이 신기함에 차서 휘둥그래셨다.

"엄마도 엄마가 있어요?"

"그으럼~"

"그러면 엄마도 아가였어요?"

"그으럼~"

"그러면 엄마도 어렸을 때 막 울고 그랬어요?"

"그으럼~"

아이는 엄마에게도 자신과 같은 어린 시절이 있었음을 생각하고 엄마도 그랬었는가를 열심히 물었다. '할머니는 엄마의 엄마'

라고 말해주었을 때는 하나의 이름이나 사실로 받아들이게 되어 뜻풀이에 지나지 않았다. 그러나 '엄마에게도 엄마가 있단다'와 같은 정의적 표현은 아이들에게 공감을 일으키기에 충분하다.

"엄마는 어렸을 때 유치원 다녔어요?", "엄마도 어렸을 때 그림을 잘 그렸어요?", "엄마도 할머니랑 수퍼에 갔어요?" 엄마와 아이는 옛날 이야기를 아주 자연스럽게 할 수 있었고, '엄마의 엄마'라는 사실을 넘어서 엄마도 아가였을 때가 있었으며, 점점 커서 어른이 된 성장의 역사를 아이와 나눌 수 있었다.

'엄마의 엄마란다'와 같은 사실만을 말해주기보다 정의적인 표현으로 다가가면 의외로 대화가 깊어진다. 그리고 엄마가 나와 가까운 관계인 것처럼 엄마의 엄마인 할머니도 더욱 소중하게 느껴질 수 있을 것이다.

아이들에게 배우는 여유

어린 아이를 목욕시키는 엄마의 손길은 매우 바쁘다. 하루 종일 아이와 씨름하고 나면 엄마도 지치는데다가 특히 저녁식사시간이나 다음 일로 쫓기는 마음일 때는 더더욱 그러하다. 공연히 마음이 조급해져 재촉을 하기도 한다.

모두 그만그만한 나이의 형제와 동생인 여자 아이 셋을 목욕시킬 때 샤워꼭지를 틀어놓고 순서대로 욕탕 안에 들어가게 하여 "뒤로 돌아라", "앞으로 돌아라", "머리를 젖혀라" 하면서 급히 씻겨 내보내다 보면 군대처럼 구령을 붙이게 된다던 어느 엄마의 말도 기억난다.

엄마가 아이를 목욕시킨 후 욕탕 밖으로 나오게 하였다. 엄마가 수건으로 급히 머리를 닦아준 뒤 몸의 앞뒤를 닦아주고 겨드랑이를 닦아줄 때 아이는 "만세"를 부른다. 아이가 손을 위로 들면 동시에 양팔밑을 황급히 닦아주고 발을 닦는 것이 순서가 된 것이다.

아이들은 때때로 장난을 하기 마련이며, 엄마의 바쁜 마음은 아랑곳하지 않고 뒤뚱뒤뚱 손을 올렸다 내렸다 장난을 치기도 한다. 어느날 엄마의 "만세" 소리에 맞추어 겨드랑이를 닦은 후 아이는 자기가 허수아비 같다고 하였다. "만세" 소리에 따라 양팔을 높이 든 후 엄마가 겨드랑이를 지나 아래를 닦아주는 동안 거울을 통해 팔이 양옆으로 벌려진 자신을 보는 순간 논 한가운데 서 있는 허수아비를 연상한 것이다.

"뭐라고?"

"허 — 수 — 아 — 비"

"아! 그래, 정말 허수아비 같구나."

"허수아비, 뒤로 도세요."

엄마의 말은 "만세"를 주문하던 목소리에서 허수아비 아저씨를 부르는 부드러운 목소리가 되었다. 그리고 앞으로는 "만세" 대신 "허수아비"를 사용하기로 했다. 장난치지 말고, 빨리 닦고 허수아비 책을 읽자고 했던들 엄마는 앞으로도 '만세'와 실랑이를 계속했을 것이다.

목욕시간에 아이가 찾아낸 '허수아비'는 '만세'를 사용할 때와 같이 일에 쫓기는 장면이 아니라 새들이 날아가는 논두렁을 연상시키기에 충분했고, 땀 흘리며 씻기던 목욕시간도 그리 힘들지 않게 되었다.

두 팔로 안아주는 상

"엄마! 나 또 상 받고 싶어요."

아이는 아마도 엊그제 동생과 잘 놀았다고 엄마가 사주신 과자를 떠올린 것 같았다. 수퍼마켓에 아이와 함께 간 엄마가 "동생하고 잘 놀았으니 착하구나!" 하면서 먹고 싶은 과자를 고르도록 했던 것이다. "이거 상이야?" 엄마는 무심코 "응!"이라고 대답하며 칭찬을 듬뿍 해주었다.

과자가 또 먹고 싶은 아이는 '착한 일'과 '상'을 연결시키게 되었을 것이다. "오늘두 안 싸웠어요. 나 동생하고 잘 놀았시? 상 줄 거야? 또 상 줄 거지?" 하면서 당연한 일에 대해서도 이제는 아예 상을 요구(?)하고 나서기도 한다.

"그럼! 상을 주고말고…"

"어떤 상을 줄 건데?"

"아주 좋은 상이야."

"수퍼마켓 갈 거야?"

"글쎄…, 굉장히 좋은 상이야."

"나는 상 두 개 받고 싶다. 초콜릿도 사 줄 거야?"

"생각해보는 중이란다. 아주 멋진 상을 주려고."

아이는 점점 호기심에 찬 눈으로 턱밑에서 상 받기를 기다리고 있었다. 엄마는 팔을 크게 벌려 아이를 꼭 껴안아주었다.

"상 언제 줄 거야?"

"이게 상이야."

"이게?"

머리 속에서 과자와 초콜릿과 새로 나온 스티커를 상상하며 이 것저것 조합했던 아이는 품에 안기면서 다소 의아해했다.

물론 상이란 바람직한 행동의 빈도를 높이기 위하여 유쾌한 자극을 제시하는 것이다. 그러나 상이 반드시 물질적인 것만 있는 것은 아니지 않은가?

"과자는 다음에 또 사줄게." 엄마가 소근댔다. 아이는 조금 서운한 표정을 지었지만 엄마 품에 안긴 것이 싫지는 않았다.

대화는 잘 들어주는 일로부터

아이가 밖에서 씩씩거리며 화가 나서 들어온다.

"왜 벌써 들어오니?" 엄마가 물었다.

"애들이 나랑 안 놀아요." 또는 "애들이랑 안 놀 거예요."라고 했을 때 어머니는 무어라고 대답하는가 생각해보자.

"무슨 말이니! 착한 사람이…" 또는 "그러면 집에서 장난감 갖고 놀아."라고 한다면 아이와의 대화는 거기에서 단절되고 만다.

"애들이랑 싸워서 화가 났구나" 또는 "애들이 안 놀아줘서 기분이 나쁘구나"라고 지금 씩씩거리고 들어와 화가 난 마음의 상태를 읽어주면 대화는 다시 계속될 수 있다.

"응. 애들이 나빠!"

"애들이 그렇게 밉니?"

"응. OO가 아주 나빠!"

"OO가 너를 아주 속상하게 했나 보구나"

"응. 그 애가 날 치고 도망갔어"

"어디에서 그렇게 치고 도망갔지?"

"그네에서 자기가 먼저 맡았다고 밀었어."

이와 같이 대화를 계속하다 보면 그네를 서로 타려고 싸우다가 결국은 아이들이 때리고 도망가고 속상해서 울고 들어온 과정을 반추하게 되고 이에 맞는 적절한 조처를 취하게 된다. 아이는 그러는 동안 격분한 감정을 조금 가라앉히고 자신도 잘못한 점이 있다는 것을 다소 알게 된다.

아이들은 대체로 자기중심적이어서 자신과 남이 동시에 달려왔기 때문에 누군가 한 사람이 양보해야 된다는 사실을 이해하기가 어렵다. 내가 타고 싶어 먼저 달려온 것만을 생각하기 때문에 격분되는 감정으로 치닫기 일쑤다. 그러므로 이렇게 격분된 감정을 우선 인정하여 들어준 후에 결론을 말해도 늦지 않을 것이다. '착한 사람' 또는 '사과하고 놀아라'와 같이 가르치려는 목표를 성급히 말해버리기보다는 지금 화난 그 감정을 되받아 들어주면 결론은 아이 스스로 내리게 될 것이기 때문이다.

엄마, 저 할아버지 왜 그래?

　아파트 상가 안의 좁은 골목길에서 네다섯 살쯤 된 남자아이 둘이서 구슬치기를 하면서 이리저리 뛰어다니고 있었다. 지나가는 사람은 아랑곳하지 않고 구슬을 맞추고 뛰고 또 한 아이를 뒤따라 잡으러 가면서 퇴근시간 무렵의 붐비는 통로를 메우고 있는 것이었다. 나이드신 할아버지 한 분이 보다못해 "이놈들, 저기 가서 놀지, 이게 뭐냐!" 하고 야단을 치자, 한 아이는 어느새 어디로 슬금슬금 가버리고 나머지 한 아이만 그대로 서 있었다.

　이때 바로 앞의 수입상품점에서 아이의 엄마가 나왔다.

　"왜 그러니? 무엇 때문에 그래?"

　"내가 야단 좀 쳤어요!"

　할아버지의 목소리는 우렁차고 당당했다.

　엄마는 아이에게 "저 할아버지가 화내잖니! 빨리 와." 하고 말했다.

　아이는 엄마쪽으로 오면서 "엄마! 저 할아버지 왜 그래?" 하고 물었다.

　"내가 아니? 화가 났나 보지. 어쩌다가 야단을 맞고 그러니?"

엄마는 곱지 않은 시선으로 어이없어 하는 할아버지를 쳐다보고 갈 길을 재촉했다.

엄마는 아이가 야단을 맞은 사실에만 기분이 나빠 있고, 할아버지는 여러 사람이 다니는 길에서 난장판을 벌이는 아이에게 야단 한번 안 치고 찬바람을 일으키며 돌아서는 엄마를 한심하게 생각하고 있는 것 같아 보였다. 그리고 입이 삐죽 나온 채 엄마 손에 끌려 따라가는 아이는 '괜히 신경질내는 이상한 할아버지'가 있다고 생각할 것이 분명하다.

우리 사회에 남의 집 아이의 잘못된 행동을 용감하게(?) 말할 수 있는 어른이 있다는 것은 그나마 다행한 일이다. 내 아이가 야단맞는 것에 기분이 나빠서 아이의 잘못된 행동을 바로 보지 못한다면 아이는 점점 더 독불장군이 되지 않을까 걱정된다.

다양한 표현

집에서 그리 멀지 않은 상점에 가기로 하고 아이와 나섰다. 아이는 처음에 차를 타고 가자고 하였으나 걸어가자는 엄마의 제안을 따랐다. 상점이 눈앞에 보이자 자기 딴에는 조금 힘들었던지 "휴! 드디어 왔다." 하고 말했다.

"그래, 드디어 도착했다. 마침내 도착했구나." 엄마가 말했다.

"마침내도 드디어와 같은 말이야?"

"응. 무엇을 하다가 마지막에~ 그런 말이야. 우리가 걸어서, 또 걸어서 마지막에 상점에 왔잖아?"

'마침내 왔다', '마침내 도착했다' 이렇게 하여 둘은 '드디어 왔다' 는 것을 다른 말로 바꾸어보기 시작했다.

"가까스로 여기에 왔다."

"가까스로 도착했다."

"드디어 상점이 보인다."

"마침내 엄마와 나는 상점에 도착했다."

"가까스로 우리는 가게에 오게 되었다."

이렇게 둘이는 자연스럽게 다양한 표현을 하기에 이르렀다.

표현이라 함은 사물의 내면적인 또는 주체적이거나 정신적인 특성을 외면적으로 끌어 내어 형상화하는 일이다. 따라서 사물에 대한 느낌을 표정으로, 몸짓으로, 언어로, 예술작품으로 표출하게 되는 것이다.

'휴! 드디어 왔다'라고 했을 때 '힘들었니?' 또는 '걷는 것이 건강에 좋아' 하고 말았을 수도 있었던 순간에 엄마와 아이는 재미있게 그리고 다양하게 표현해보는 기회를 가질 수 있었다.

구멍내고 가위질한 청바지

아가씨 같은 한 젊은 엄마가 아이와 교무실을 나와 교문을 향해 걸어가는 것이 보였다. 아이는 넋을 잃고 구경을 했다. 두겹 세겹으로 늘어진 윗옷은 차라리 잠옷이라는 표현이 옳을 것 같았고, 일부러 가위질을 한듯 보이는 청바지는 길다 못해 몇 겹이 접혀진 채 슬리퍼 신은 맨발이 보였다. 뿐만 아니라 머리는 '빗질을 하지 않은 듯이 보이도록' 빗질을 한 것 같았다.

"엄마, 저 아줌마 좀 봐요!"

"뭘 보니? 어때서… 자기 자유지 뭐!"

과연 무대의상(?)을 입고 학교에 나타난 엄마의 모습을 개성이나 자유라는 식으로 관대하게 표현해주어도 좋은 것인가?

'자유의 나라'로 연상되는 미국에서도 결코 사람들은 아무렇게나 입고 다니지 않는다. 오히려 학교나 회의장소에 따라서는 의복을 까다롭게 신경쓰는 사람들이기도 하다. 고급 음식점에서도 마찬가지이다. 특히 보수적 경향이 강한 지역에서는 더욱 그렇다. 전통있는 명문대학에서 너덜너덜하게 찢은 반바지를 입고 회의장에 들어오는 사람은 아무도 없다. 또 운동장에서 헐레벌떡 뛰어온 듯한 복장으로 근무하는 직원을 본 적이 없다. 찢어진 런닝셔츠에 고무 슬리퍼를 질질 끌거나 마이클 잭슨의 무대의상과 같은 차림으로 학교에 나타난 젊은 엄마의 모습을 보면서 '저 사람의 자유다. 오히려 용기가 대단하다' 라는 식으로 말하는 사람들을 보면서 생각나는 것이 있다. 바로 미국의 한 사립 초등학교에서 입학식에 올 아이들 부모에게 보낸 안내문 중 자녀의 〈의복〉에 관련된 일부분이다.

> 청바지는 바래거나 구멍이 없어야 함.
> 가죽신발, 샌들, 카우보이 부츠는 금지함.
> 치마길이가 차려자세에서 손가락 끝 위로 올라가면 안됨.

어떤 유치원에 보낼까?

새 학기가 멀지 않았다.

"우리 아이를 어떤 유치원에 보낼까?"

누구나 한번쯤 고심하는 문제이면서도 막상 뚜렷한 생각이 떠오르지 않는다.

교육기관에 아이를 보낼 때는 크게 시설, 교사 그리고 프로그램을 생각해볼 수 있다. 시설에 있어서는 우선 거리가 가깝고 안전한 곳이어야 한다. 실내와 실외공간이 충분한가, 조용하고 밝은 분위기인가를 살펴볼 수 있으며, 교구와 놀이시설이 충분한가를 알아볼 수 있다. 특히 교구와 놀잇감은 보기에 비싸고 눈에 띄는 것만 생각할 수 있으나 보다 쉽게 아이들이 손으로 만지고 직접 다루어볼 수 있는 것이어야 한다.

교육의 질을 좌우하는 요인 중 가장 중요한 것은 교사이다. 그러나 학부모가 교사의 자질을 파악하는 것은 용이한 일이 아니다. 보통 유치원에는 모두 국가가 인정한 유치원 2급 또는 1급 교사자격증을 소지하고 있으므로 부모가 직접 방문하여 아이와 함께 생활할 원장님과 선생님을 만나보는 것도 좋을 것이다.

유치원의 프로그램은 모두 교육부가 제정한 〈유치원 교육과정〉에 의하여 운영되고 있다. 유치원 교육과정은 만 3세부터 4세, 5세에 이르는 초등학교 취학전의 유아에게 적합하도록 전문가들이 구성해 놓은 프로그램이다. 같은 동화라도 만 3세와 4세는 수용의 범위와 깊이가 다를 뿐만 아니라 이야기를 통한 문제해결력에도 큰 차이가 있다. 1년만 유치원을 보내고 무엇인가 다른 것을 가르쳐주는 곳을 찾아 이곳저곳 옮기는 것은 유아교육 프로그램을 잘 이해하지 못하는 것이며, 정서적인 안정에도 별 도움이 되지 않는다. 벽에 붙은 상장이나 상패들 그리고 영어, 수영, 한자 등 많은 것을 가르치는 것이 유아교육기관의 질을 좌우할 수 없다. 무엇보다도 안전하고 안정된 분위기 속에서 아이들의 호기심을 들여다 볼 수 있는 선생님과 생활하는 프로그램이어야 한다.

마당 3
엄마, 옛날이야기 해줘요

긍정적 표현

　몇해 전에 우리나라 남도의 끝에 있는 외딴 학교를 찾아간 적이 있다. 항구에서 여러 시간 배를 타고 다다른 조그만 학교는 사이사이에 꽃송이가 보이는 큰 바위를 뒤로 하고 앞으로는 시원한 바다에 접해 있었다. 그야말로 멀리 수평선과 갈매기가 보이는 그림 같은 곳이었다. 몇 군데 학교를 방문하면서 그곳에서 만나는 선생님들께 여쭈어 보았다.

　"이렇게 늘 아름다운 산수 속에서 사시는군요." 하고 부러워 하자 한 선생님은 "아름답다니요? 얼마나 답답하고 지루한지, 갇혀서 사는 기분이에요. 뭐, 괜찮을 때도 있지만…." 하셨다.

　또 다른 선생님은 이렇게 대답하셨다.

　"그래요, 참 수려하고 아름다운 자연이에요. 때때로 답답할 때도 있지만…."

　두 분 선생님의 말씀은 논리적으로는 결국 같은 뜻을 담고 있다. 두 분 모두 아름답기도 하고 답답하기도 한 바닷가의 모습을 표현한 것에 틀림이 없으나 오래도록 두번째 선생님의 말씀이 더 기억에 남는 것은 무엇 때문이었을까? 그리고 그 두번째 선생님은 웬지 자기 삶에 더 성심껏 의미를 부여하며 살 것 같았다. 때때로 답답하고 지루한 바닷가가 감옥 같은 절벽으로 느껴지더라도 그것을 아름답게 소화하려고 노력하며 살 것 같은 느낌이 들어 괜히 안심이 되었다.

사람은 언어를 통해서 생각을 표현하며 무심코 던지는 한마디가 삶을 좌우한다고 한다. 또 말 한마디가 사람의 감정을 녹이기도 하고 깊은 상처를 주기도 한다.

우리 부모들이 아이들에게 타이르는 말이나 대화도 그렇지 않을까? 그렇다고 해서 일상생활에서 언제나 긍정적인 표현만 한다는 것도 쉽지 않은 일이다. 그러나 앞의 선생님처럼 그 순서를 바꾸어서 긍정적인 표현을 하는 것이 옳지 않을까 생각해보게 된다.

"너는 느려서 탈이야, 잘할 때도 있지만…"이라는 말보다는 "애썼다. 그런데 좀 빨리하면 더 좋겠다."라고 표현하면 아이들과의 관계도 부드러워질 수 있을 것이다. 또 긍정적인 표현을 먼저 하고 나면 그만큼 격한 감정이 조금이라도 수그러지게 되기 때문에 급상승하는 노여움에 한 번 제어를 하게 되는 셈이다. "제대로 하는 게 없다"라는 말은 아이로 하여금 "나는 바보구나. 제대로 하는 게 없으니" 하는 생각을 갖게 할 것이다. 그리고 그 말을 먼저 꺼낸 어머니는 제대로 하는 게 없는 사실에 대하여 더 감정이 가속화 되기 마련이다.

그러나 "수고했구나"라는 표현을 먼저 한 뒤 그 뒤에 잘못된 것을 얘기해도 늦지 않을 것이다. 아이의 가슴에 오래도록 남아 자신감 없고 무력한 생각을 하게 만들지도 모르는 부모가 무심코 던진 한마디를 되짚어 보아야 할 것이다.

과보호

요즈음 우리는 과보호란 말을 자주 듣게 된다. 과보호란 어린이에 대한 부모의 과도한 보살핌이나 지나친 간섭을 뜻한다. 과보호로 인하여 어린이는 지나치게 남에게 의존하고 기대게 되며, 따라서 혼자 하는 일이 불안하고 두렵기까지 하다. 결국 자신감이 없어지고 나약해지므로 모든 일에 해결하는 힘을 잃게 되며 쉽게 좌절하게 되는 것이다.

어떤 사회학자는 우리 사회·부모·학교 모두가 조급해지는, 서두르며 자라는 병을 앓고 있다고 지적한 바 있다. 겉으로 보기에 성인이지만 그 내면 세계는 아직 어린아이와 같아 제대로 성숙하지 못한 아이들을 염려한 것이기도 하다. 또한, 핵가족 문화로 비교적 자녀의 수가 적고 물질문명이 발달하게 됨으로써 부모는 아이에 대하여 지나친 관심을 갖게 되고 맹목적인 사랑을 경쟁적으로 쏟게 된다고 하였다. 지나친 영양과 비료는 오히려 식물을 나약하게 하고 결국은 썩게 만드는 것이나 다름이 없다는 것이다.

때때로 우리는 자라나는 아이들이 아직 어린 나이임에도 불구하고 아이답지 않게 겉모습은 세련되고 노련한 어른의 흉내를 내고 있으나, 알고 보면 인내심이 부족하여 쉽게 꺾이고 끈기가 없고 심지어는 가치가 뒤바뀌는 일을 서슴없이 하는 모습을 보게 된다.

과보호하지 말라는 것은 무관심이나 방치를 의미하는 것은 아니다. 적어도 아이가 할 수 있는 일을 부모가 손발이 되어 다 해주지 말아야 함을 의미한다. 이는 넘어진 아이가 일어나려고 애써보기도 전에 얼른 일으켜 세우는 일, 풀어진 끈을 묶어보려고 시도하기도 전에 얼른 단단히 묶어버리는 일, 아이가 요구하기만 하면 즉시 눈앞에 마련해주는 일 같은 것들이다.

아이를 기를 때 가장 중요한 두 가지의 선물은 적절하고 빈번한 눈맞추기와 신체적 접촉뿐이라고 했던 한 학자가 생각난다. 그는 부모들이 따뜻한 미소로 지켜보고 자신의 손으로 안고 토닥거려 주는 일 대신에 보행기와 같은 기계에만 의존하는 일, 비싼 물건을 사주는 일에 열성을 부리고 아이들의 손발이 되어 뛰어다니는 것이 잘 보호하는 것이라고 착각하고 있음을 경고했던 것이다.

부모는 눈맞추기를 통하여 아이를 인정하고 적절하게 어깨나 머리를 쓰다듬고 안아주는 일을 통해서 격려하는 것 외에 할 수 있는 일이 별로 없다고까지 하였다. 결국, 물고기를 잡아다 주려고 뛰어다니기보다 물고기를 잡을 수 있도록 지켜보라는 교훈이기도 하다.

사물의 조작

어머니는 다섯살 된 아이에게 매일 식탁에 가족의 수대로 냅킨을 놓도록 하였다. 가족은 모두 네 사람이었으며 그때 아이는 30 정도까지를 셀 수 있었다.

첫번째 날, 아이는 한 개의 냅킨을 집어 접시에 놓고 다시 돌아와 두번째 냅킨을 갖다 놓으며 이렇게 하나씩 결국 네 번을 오가며 식탁차리는 일을 도왔다.

다섯살 하고도 3개월쯤 되었을 때, 아이는 갑자기 가족의 접시 수를 세고 냅킨 통으로 와서는 네 개의 냅킨을 한꺼번에 센 나음, 식탁으로 가져가 돌아가며 하나씩 놓았다. 이런 방법을 6일 동안 계속할 수 있었다.

네 식구의 것을 한꺼번에 세어 갖다 놓기 시작한 지 7일째 되던 날, 손님이 방문하게 되어 접시가 하나 더 차려졌다. 아이는 평상시처럼 네 개의 냅킨을 세어 식탁으로 가져가 나누어 놓다가 한 개가 비게 되는 것을 알아차렸다. 아이는 부족한 수를 한 개 더 갖다 채워놓는 대신에 이미 놓은 네 개의 냅킨을 다시 수합하여 냅킨 통에 도로 넣었다. 그리고는 다시 처음부터 시작하여 한 개씩 다섯 번을 갖다 놓기 시작했다.

　다음 날, 손님이 돌아간 뒤에도 아이는 계속해서 네 번 걸음을 했고, 다시 한꺼번에 세어 나누는 것을 생각할 때까지 5일 동안 이 방법을 지속했다. 이렇게 한꺼번에 세어서 갖다 놓기를 10일 동안 하고나자 다시 손님이 오게 되었다. 이번에도 평상시처럼 네 개를 세어서 갖다 놓았지만, 빈 접시 수만큼만 모자라는 것을 세어서 갖다 놓을 수 있었다. 이제 아무리 손님이 더 오고 가게 되더라도 냅킨을 놓는 방법은 혼동을 일으킬 염려가 없게 되었다.

　이와 같이 아이들은 사물을 직접 경험하고 조작하면서 개념을 형성해 간다. '조작'이라는 것은 수술, 엘리베이터 작동방법, 전화교환 같은 데서도 사용되듯이 직접 그 구체적 대상과정에 참여해봄으로써 객관적으로 인식하게 되는 것을 뜻한다.

　"네 번씩 왔다 갔다 하지 말고 한꺼번에 세면 편하잖니?"

　"하나만 더 갖다 놓으면 되지 않니?"

　"이제 손님이 가셨으니 네 개만 놓아라."와 같이 정확하게 문제를 해결하는 방법을 제시하지 않고 기다리며 지켜보는 어머니의 모습은 많은 것을 느끼게 한다. 만일 어머니가 그때 답을 그때 지시했다면 아이는 '아무 생각없이' 세면서 식탁차리는 일을 도왔을 것이다. 여유를 갖고 문제를 다루는 그 자신의 방법을 발견하도록 했을 때 그는 진정으로 문제를 해결할 줄 알게 되고, 나아가 자신의 능력을 믿게 될 것이다.

공감적 이해

인간은 이성과 감정을 가지고 있다. 이성은 감각적인 것과는 구별되는, 지적 이해력이나 직관력과 같이 원리를 파악하는 정신적 능력이다. 또 감정은 쾌·불쾌의 느낌을 포함하여 인간의 정적인 면을 주로 의미한다. 이성과 감정은 서로 엄격히 분리할 수 없으며 생활 속에서 끊임없이 이어지는 자극과 반응 속에서 서로 작용하게 되는 것이다.

우리는 서로 이해하자고 하거나 서로 대화하자고 하면서도 진정한 이해와 대화가 쉽지 않다는 것을 잘 알고 있다. 흔히 알고 있듯이 사람에게는 같은 자극이라 할지라도 개개인에 따라 그 느낌이 다르고 또한 받아들이는 수준이나 상황에 따라 달라지기 마련이다.

우선 남을 이해하기 위해서는 무엇보다도 그 사람의 입장이 되어 그의 세계를 느껴야 할 것이다. 부모가 아이를 이해하는 일, 아이가 다른 친구를 이해하는 일이 가능할 때 비로소 타인의 삶도 이해하게 되는 것이다. 이처럼 상대방이 지니고 있는 생각과 느낌의 틀을 이용하여 그 사람의 생각과 감정을 느껴보는 것을 공감적 이해라고 한다. 공감적 이해가 있을 때에야 남의 처지를 헤아리고 남을 돕는 사회적 행동이나 가족, 이웃, 사회, 국가에 대한 공동체의식도 비로소 가능하게 된다.

친구가 강아지를 잃어버렸으니 우리도 주의해야 한다는 사실만을 강조하기보다, 강아지를 잃어버린 친구의 마음을 생각해보게 한다. 할머니에게 기꺼이 안기려고 하지 않는 아이에게 할머니께서 우리를 사랑하시는 점을 생각하게 하여 '네가 ~하면 할머니께서 얼마나 기뻐하실까?'를 상기해 보도록 한다. "네가 늦게 가면 놀이시간이 다 끝날 거야"라는 것은 인과관계를 강조하는 것이지만, "친구들이 너를 얼마나 기다리겠니?"와 같은 것은 공감적인 이해이다. 그림동화시간을 놓치거나 규칙을 어기면 안된다는 것을 머리로 생각하는 것도 필요하지만 친구들이 기다리고 보고 싶어함을 강조하는 것이 때때로 더 큰 동기를 불러일으키기도 하는 것이다.

자신이 남에게 마음으로부터 이해받고 있다고 느끼는 사람은 그 사람에게 신뢰를 가지고 자신의 깊은 내면을 드러내 보일 수 있는 힘을 갖게 된다. 그렇게 될 때 서로 의사소통이 촉진될 뿐 아니라 진정한 대화를 통한 변화도 가능해질 수 있는 것이다.

바람직한 교육환경

어느 호텔 로비에서의 일이다. 한 아이와 엄마가 호텔문을 들어섰다. 아이는 호텔 로비에 전시된 알록달록한 모형을 보고 싶어해서 그 앞에 남아 있고 엄마만 조금 떨어진 안내코너로 갔다. 바로 직후에 또 다른 엄마와 아이가 로비로 들어와 소파에 앉았다. 잠시후 그 엄마는 모형을 구경하고 있는 아이에게 "너 몇살이니?" 하고 물었다.

"일곱살이에요. 만으로는 여섯살이구요."

"우리 OO하고 같구나" 하더니 갑자기 "얘, 너 이리 좀 와 봐라" 하고 바로 옆에 있는 자기 딸과 키를 대보게 하였다. 그러더니 "응, 괜찮구나! OO가 더 크다" 하고 자기 아이의 키가 더 큰 것에 안심을 하였다.

이 광경을 조금 떨어진 곳에서 보고 있던 엄마가 급히 다가왔다.

"왜 그러세요?"

"아니, 우리 애가 너무 키가 작아서 늘 걱정이거든요. 그래서 대봤어요. 쟤가 일곱살이라면서요? 우리 아이도 일곱살이에요.

만 여섯살이니까 내년에 초등학교 가지요?"

모형을 구경하던 딸아이가 머쓱해진 모습으로 서 있는 것을 보던 엄마는 어이가 없어 할말을 잃은 것 같았다.

만 6세 정도의 아이라면 자신의 모습에 대단히 관심을 갖는 시기이다. 아이에 따라서는 나름대로의 외모에 대한 기준을 갖고 보이지 않는 신경을 쓰기 마련이며, 어느 아이를 막론하고 키가 크기를 바라지 않는 아이는 별로 없을 것이다.

자신의 아이가 키가 크기를 바라는 마음에서 애를 태워온 엄마의 심정은 이해할 수 있겠으나, 남의 아이와 무작정 비교해보고 자기 아이가 더 크다며 큰소리로 떠들고 만족해 하는 모습은 어처구니가 없을 뿐이다.

모형을 구경하던 아이의 가슴에 남겨진 감정은 아랑곳하지 않은 채 별 죄의식도 느끼지 못하고 사라지는 엄마의 모습을 물끄러미 바라보던 아이의 엄마는 씁쓸한 표정으로 소파에 주저앉았다.

한때 '내 아이는 다르다', '누구든 내 자식에게 손대지 말라'는 말이 유행처럼 오르내리던 적이 있었다. 내 자식을 잘 기르겠다는 열정적인 표현으로 받아들일 수도 있겠으나 상당히 이기적인 감정을 배제하기 어렵다. 내 자식을 위한 좋은 환경이란 최신식 시설과 고도사회가 가져다주는 물질적인 것만은 아닐 것이다. 자식교육을 위해 세 번씩이나 이사를 갔다는 맹모의 이야기는 결국 좋은 것을 보고 자라게 해야 한다는 교훈이기도 하다.

오늘날 우리가 그러한 공간을 어디에서 찾을 수 있을 것인가? 아이가 구경하던 모형을 같이 구경하고 둘이서 나이가 같은 친구임을 확인해보는 경험을 가질 수는 없었을까? 내년에 초등학교에 같이 가게 되는 것에 대한 작은 설레임을 함께 나눌 수는 없었을까? 그 모형이 무엇에 대한 것인가에 대하여 아이들의 생각을 알아볼 수는 없었을까?

아이들이 나란히 서 있는 모습에서 자신의 아이가 컸는지 같은 연령의 다른 아이에 비해 어떠한지를 나름대로 조용히 생각할 수 있는 부모의 마음들이 모여 있는 인적 환경이야말로 내 아이가 성장하는 데 가장 바람직한 교육환경일 것이다.

유아기, 무엇을 가르칠까?

자녀를 잘 가르치고자 하는 것은 모든 부모의 바람이다. 특히 유아기가 되면 무엇을 가르칠까? 글자? 숫자? 영어? 미술? 컴퓨터? 수영…, 이렇게 고심하는 부모가 많아진다. 유아기에 지능이 거의 발달한다는데…. 공연히 불안해지기도 한다.

그러나 지능의 발달은 호기심으로부터 시작되며 무조건 많은 지식을 넣어준다고 해서 발달하는 것은 아니다. 유아기에 쉴새없이 많은 것을 가르치는 것보다는 생각하는 힘을 길러주어 훗날 창의적 사고와 문제해결력을 가진 사람으로 성장하게 하는 원천을 만들어주는 일이 더 중요하기 때문이다.

'가을이 왔어요'를 반복해서 듣고 말하기보다는 낙엽이 떨어진 것을 보고 자기의 생각을 표현해보는 일이, 숫자를 달달 외우는 것보다는 수체계와 개념을 이해하기 위해 수를 세어보고 활용하는 일이, 글자를 무조건 외우고 쓰기보다는 소근육과 눈과 손의 협응력이나 공간지각력 그리고 안과 밖의 위치 개념이 발달할 수 있는 놀이가 더 중요하기 때문이다.

자동차와 비행기의 차이점과 공통점을 찾아봄으로써 특성과 관계를 이해하게 되는 것이 바로 비교능력이며, 같은 색 같은 모양의 장난감을 음악에 맞추어 나누어 담는 것이 집합과 분류의 기초능력이며, 감 옆에 있는 것이 사과이고 사과 옆에 있는 것이 바나나인 것을 아는 놀이는 기하학 개념의 기초가 되는 것이다. 기초 개념이 풍부하고 튼튼한 아이는 그만큼 다른 학습도 잘할 수 있는 힘이 많이 생기는 것이며, 이것을 우리는 전이력이 풍부하다고 말하는 것이다.

우리 아이가 안정된 분위기 속에서 즐겁게 사물을 만져보고 느껴봄으로써 협동과 경쟁을 통한 우정을 경험하고 있는가?

유아기는 평생의 학습에 중요한 기초를 닦는 시기이다. 스스로 놀이하고 협동함으로써 호기심과 자신감을 기를 수 있도록 하는 데 먼저 마음을 쏟아야 한다.

기를 살리자

아이를 데리고 수퍼마켓에 가게 되었다. 엄마가 찬거리를 고르는 시간이 조금 길어지자 아이는 사탕과 과자가 쌓여있는 칸으로 가서 엄마를 불렀다.

"사탕 사도 돼?" 엄마가 고개를 끄덕였다. 동시에 아이와 엄마는 각자 평소에 가끔 사던 사탕봉지를 집어들었다.

똑같은 모양과 크기의 사탕봉지였기 때문에 엄마는 얼른 손에 든 것을 시장바구니에 넣으려 했다. 순간 아이가 자기 손에 든 것을 사자고 했다. 조금 바빴지만 엄마는 자기가 집어들었던 것을 다시 과자더미에 놓고 아이가 집어올린 사탕봉지를 바구니에 넣었다. 계산을 마치고 와서는 저녁준비에 바빴고 대수롭지 않은 일이라 그저 잊어버리고 있었다.

밤에 아이는 오빠와 말다툼을 하게 되었다. 한참 옥신각신했지만 오빠를 이길 수가 없게 되자 갑자기 큰소리로 말했다.

"엄마가 내가 고른 사탕을 사 주셨다!"

그것은 아주 자랑스럽고 의기양양한 힘이 넘치는 목소리였다. '내가 고른 것' 이란 말을 할 때 아이의 몸에서 나오는 기운은 식구들의 주의를 모으기에 충분하고도 남았다.

"참, 아까 네가 오빠랑 식구들하고 같이 먹으려고 사탕을 샀었지?"

이렇게 하여 즐거운 분위기가 된 것은 두말할 것도 없다.

"그거나 이거나 똑같은데 뭐, 엄마가 여기 벌써 담았어"라고 할 수도 있었는데 아이가 고른 것으로 바꾸어 담아준 엄마는 자신이 한 행동을 무척 다행스러워 했다.

때때로 우리는 아이의 '기'를 죽이지 않아야 된다는 말을 한다. 비싼 것, 남이 갖지 않은 것을 사주는 것 이상으로 생활의 작은 부분에서 얼마든지 의견을 존중해줄 수 있는 것을 보게 된다. '기'라는 것은 결국 유아의 생활이나 활동의 힘이며 자신의 능력이나 가치는 물질에 의해서 가능한 것만은 아닌 것이다. 엄마에게 의존하는 것이 아니라 스스로 믿는 바가 있는, 자신을 존중해준 엄마가 힘이 되어줄 때 진정한 자신감이 생겨나는 것이 아닐까?

유치원의 성적표

  '성적'이란 지식이나 기능 및 태도를 포함하여 생활을 마친 뒤의 결과이며, 이것을 기록한 것이 성적표이다. 우리는 성적표라고 하면 점수가 기록된 것을 떠올리게 되지만 유치원의 기록표는 유치원에서 지낸 생활 전반에 대한 보고서라고 할 수 있다.

  미국의 유치원에서는 주마다 다르기는 하지만 대개 1년에 여섯 번 즉, 한 학기에 세 번 정도의 기록표를 가정으로 보낸다. 〈부모에게 보내는 보고서〉는 '학교생활 적응'과 '기술'의 두 부분으로 나누어지고 그 뒷면에 아동의 관심사나 생활 전반에 관한 담임교사의 메모란이 있는 것이 보통이다. '학교생활 적응'란의 항목은 대개 10에서 12항목으로써 다음과 같다.

- 놀이나 일에 기쁘게 참여한다.
- 그룹활동에 참여한다.
- 적절한 시간 동안 지속적으로 과제에 참여한다.
- 과제를 끝까지 한다.
- 다른 사람과 잘 어울린다.

- 어른의 지시에 따른다.
- 힘찬 기운이 있다.
- 새로운 것을 찾으려고 한다.
- 학교 소유물을 조심스럽게 다룬다.
- 주의깊게 듣는다.

　이와 같은 항목들을 '항상 잘하는 편이다', '때때로 할 줄 안다', '어쩌다 드물게 한다' 와 같은 3단계로 표시하게 되어 있다. 이 항목은 물론 1년 내내 계속된다. 이와 같은 '학교생활 적응' 항목은 한 학기 내내 세 번의 보고서가 나갈 때까지 평가되고 2학기가 되면 비로소 네 번째 보고서부터 '기술' 즉, 기능영역이 첨가된다. 이 항목은 다음과 같다.

- 자기 이름과 성을 안다.
- 이름을 쓸 줄 안다.
- 집 주소를 말할 수 있다.
- 집 전화번호를 말할 수 있다.

이외에 '같은 것과 다른 것을 안다', '기본 색상을 구별한다', '언어적 지시에 따른다'와 같은 것들이 있다. 유치원에 보내기도 전에 이미 이름을 쓰고 주소와 전화번호를 알게 하는 우리 부모들을 보면서, 유치원 후반기가 되어서야 이름과 성을 쓸 줄 아는 항목이 첨가되어 있는 성적표를 떠올려본다.

공중도덕의 소중함을 아는 아이

사람이 많이 모이는 곳은 어디에서든지 마찬가지겠지만 서로가 지켜야 할 일이 지켜지지 않을 때 서로를 불편하게 한다. 서로가 다같이 즐겁고 편리하기 위해서 공중도덕을 지켜야 하는 것이다.

엄마 손을 잡고 가던 아이가 칭얼대자 엄마는 자연스럽게 길가에 예쁜 모양으로 정리해놓은 꽃을 뚝 꺾어 아이 손에 건네주었다. 그러자 아이는 울음을 그쳤다. 그 꽃은 비엔날레 행사장 주변의 환경을 위해 일부러 옮겨다 심어놓은 것이었다.

화장실은 복잡하고 만원이었다. 모두들 화장실 문 바로 앞에 붙어서서 먼저 들어가 오래 있는 사람을 원망하는 눈초리가 되기 시작했다. 그리고 계속 문을 두드려댔다. 옆줄은 빠른데 줄을 잘못 섰다고 투덜거렸다. 언젠가 어떤 공공장소에서 화장실 바로 문앞이 아니라 조금 떨어진 화장실 입구에 몇 줄로 서서 기다리다가 나오는 순서대로 들어가던 모습이 떠올랐다.

화장실 세면대의 수도꼭지는 몹시 더러웠다. 빨리 그곳을 나오고 싶을 정도이다. 한 엄마가 수도꼭지를 세게 틀어 손을 씻었다. 잠그려고 보니 수도꼭지가 너무 더러워 깨끗이 씻은 손을 대기가 싫었다. '누가 또 와서 씻을텐데 뭐…' 하면서 아이 손을 재촉하고 나갔다. 바로 옆의 엄마는 방금 씻은 두 손으로 물을 한 웅큼 받아 꼭지 위에 붓고 잠갔다.

쓰레기통이 가득 차서 밖으로 흘러넘쳐 그 옆에 가면 뭔가 묻을 것 같았다. 한 아저씨가 자신이 먹다 남은 1회용 우동그릇을 멀리서 쓰레기통을 향해 농구공 넣듯 던졌다. 남은 국물이 사방으로 튀었다.

대도시의 조용한 커피숍에 한 아주머니가 앉아서 친구를 기다렸다. 시간이 오래 지나자 아주머니는 신발을 벗고 한 발은 그대로 내려놓은 채 한 발을 의자 위로 올려 놓았다. 밭에서 일하던 농부가 몸을 툇마루에 지탱하고 걸터앉아 쉬는 모습을 연상하게 한다. 잔디밭에 네 활개를 펴고 누워있던 여학생을 보고 '이곳은 당신의 안방이 아니오'라고 하시던 대학시절 총장님 말씀이 떠오른다. 누가 지나갈까봐 보는 사람의 마음이 더 조마조마하다.

이 모든 광경을 아이들이 볼까봐 걱정하는 어른이 있어야 하고, 잘못된 행동을 타이르는 어른이 있어야 하며, 잘된 행동에 미소를 보내며 고개를 끄덕이는 어른이 많은 사회가 되기를 모든 부모들은 기대한다.

엄마, 옛날이야기 해줘요

　엄마와 아이가 지하철을 타고 할머니 댁에 가기로 하였다. 갈아타는 역에서 사람들이 의자에 앉아있는 것을 보자 아이는 우리도 앉았다가 가자고 했다. 마침 사람도 붐비지 않았고 다리도 쉴겸해서 두 사람은 긴 의자에 앉았다.

　"엄마! 옛날이야기 해줘."

　"옛날이야기? 조금 있다가 해줄게." 하고 달랬으나 한번 조르기 시작한 아이는 그칠 줄을 몰랐다. 갑자기 떠오르는 옛날이야기도 마땅치 않고 해서 결국 엄마는 이야기를 지어내면서 말을 계속 이어나갔다.

　"옛날에 어떤 동네에 엄마하고 착한 여자아이하고 살고 있었어요. 아빠는 회사에 가시고 언니는 초등학교에 다녔어요. 어느 따뜻한 오후에 아이와 엄마는 할머니 댁에 가기로 했어요⋯. 무엇을 탈까 생각하다가 지하철을 타기로 했지요⋯."

　이야기가 계속되자 아이는 어처구니 없는 표정으로 "그게 무슨 옛날얘기야? 우리 얘기잖아!" 하고 말했다.

　"이 다음에 네가 커서 어른이 되면 지금 엄마랑 지하철을 타고 할머니 댁에 가는 일도 옛날이 된단다."

아이는 몹시 의아하고 신기하게 생각했다.

"고모의 졸업식도 이 다음에 네가 크면 옛날에 있었던 일이 되고 유치원이나 초등학교 입학식도 이 다음에 어른이 되면 옛날이야기가 될 수 있단다. 이번에는 네가 옛날이야기를 해줄래?"

"내가?"

아이는 잠시 머뭇거리다가 곧 엄마처럼 '미래의 옛날이야기'를 지어나가기 시작했다.

옛날이야기는 예전부터 전해져 내려오는 이야기이며 옛날에 있었던 일에 대한 이야기이다. 옛날이야기는 구전문학의 한 가지로 보통 "옛날에~"라는 정해진 문구로 시작되기 마련이다. 또한 우리가 흔히 사용하는 옛날도 알고 보면 여러 가지가 있다. "옛날 우리 때는 걸어서 다녔고~"라든지, "옛날에 할머니께서 여행을 가셨을 때"라든지, "옛날 호랑이가 담배피던 시절"과 같이 '아주 오랜~'이라는 단어가 붙을 뿐 그 시간의 흐름과 공백도 엄청나게 다르다.

백제, 신라 등의 옛 도읍지를 공부하던 아이가 "엄마, 옛날에 백제의 서울은 어디야?" 하고 물었다. 엄마는 갑자기 생각이 나지 않아 "잘 모르겠는데…" 하였다. 아이는 "엄마, 옛날 사람인데 왜 몰라요?"라고 했다. 이처럼 아이들에게 있어 옛날은 막연한 시간이며 그 옛날이 언제쯤의 옛날인지 구태여 생각할 필요없이 그저 이야기로 즐겨듣기 마련이다.

옛날이야기라면 동화책이나 테이프에서 들었던 할아버지와 할머니들 얘기, 동물이나 귀신의 이야기 같은 것으로 상상하던 아이는 엄마와 지어본 이야기를 통하여 옛날이야기가 다른 사람으로부터 듣기만 하는 모르는 사람의 이야기라는 고정관념에서 벗어날 수 있었다. 자신이 주인공이 되는 지금의 이야기가 나중에 옛날이야기가 될 수 있다는 것은 또 하나의 새로운 자극으로 받아들여질 것이다. 뿐만 아니라 아이는 아마도 시간의 경과에 대하여 새로운 마음의 눈을 뜰 수 있었을 것이다.

탤런트 쇼

    미국에서 〈아이들 박물관(Children's Museum)〉에 들렀을 때의 일이다. 아이들 박물관은 아이들이 직접 만지고 들여다보고 뛰고 뒹굴 수 있도록 해놓았기 때문에 따라온 어른들이나 가족들까지도 함께 참여하여 탐색해볼 수 있도록 되어 있다는 점에서 유리 너머에 있는 물건을 보기만 하면서 감상하는 여느 박물관과 다르다. 비눗방울을 마음대로 가지고 놀 수 있는 영역이 있는가 하면, 시장놀이나 소꿉놀이를 즐길 수 있는 도구들이 있고, 인디언이 되어 고기를 굽는 모습을 연상해볼 수 있는 움막이 있는가 하면, 원하는 모양으로 건물을 지어보기도 한다. 그야말로 아이들이 상상력을 마음껏 펼치며 뛰고 뒹굴고 떠들 수 있는 공간이기도 하다.

    점심때가 조금 지나서 안내방송이 들려왔다. 곧 탤런트 쇼(재주겨루기)가 열릴 예정이니 관심있는 사람들의 참여를 기다린다는 내용이었다. 젊은 두 명의 안내원이 가리키는 대로 가 보니 박물관 2층 구석에 비어 있는 조그만 공간이 있었다. 이렇다 하게 특별할 것 없이 카펫으로 덮인 몇개의 계단 위에 아이들과 부

모들이 모여 앉았다. 모두 30명 정도의 사람들이 모이게 되자 이윽고 탤런트 쇼가 시작되었다.

"지금부터 쇼를 시작합니다. 누구든지 이 앞에 나와서 모르는 친구들과 가족들 앞에서 자신의 재주를 보여주는 기회를 가질 수 있습니다." 사회자겸 안내원의 말이 있었다.

그야말로 즉석에서 자신의 재주를 보여주는 것이다. 몇몇 아이들이 서로 손을 들고 나가고 싶어했고, 어떤 아이들은 지명이 된 후에 오히려 몹시 망설이기도 했다. 또 어떤 아이들은 엄마 아빠와 무엇인가를 귓속말로 의논하기도 했다.

첫번째에는 두 명의 남자형제가 나와 재주를 넘었다. 그 다음 여자아이도 또 다른 자세로 재주를 넘었다. 그때마다 사회자는 "이 세상에서 보기 힘든 형제의 재주", "9.7포인트의 난이도를 보인 묘기"와 같이 아이들의 간단한 행동에 의미있는 해석을 덧붙였다.

한 아이는 국제적인 넌센스 퀴즈를 내겠다고 했다.

"수탉이 혼자 큰 길가로 나온 이유는 무엇일까요?"

관중들은 손을 들고 여러 가지 대답을 했다. 모두 답을 궁리하느라 심각해지기도 하였다. 정답은 "암탉이 휴가중"이라는 것이었다. 모두 한바탕 웃음을 터트렸다.

어떤 아이는 뛰어나와 무대 앞에 서자마자 잊어버렸다고 다시 들어가기도 하고, 어떤 아이는 나와서 물구나무서기를, 어떤 아이는 맥가이버의 흉내를, 또 어떤 아이는 체조선수의 동작을(올림픽이 열리고 있을 때였음) 보이기도 했다.

재주라는 것은 바로 무엇인가를 잘하는 능력, 기술, 소질을 뜻한다. 이와 같은 재주가 특별할 때 또 그러한 사람을 우리는 영재라고 부른다. 물구나무서기, 몸을 틀면서 휙 돌기, 무대 끝에서 끝을 말처럼 뛰어가기 등과 같이 아이들이 보인 재능은 사실 누구든지 할 수 있는 것들이었다. 그러나 그것은 자신이 남보다 제일 잘할 수 있다고 생각하는 의지의 표현으로 바뀌었을 때 특별한 재주가 되었다. 그리고 그 재주를 보일 때마다 사회자는 "아무도 그렇게 똑같이 몸을 틀지는 못할 것"이라는 찬사로 칭찬을 해주었고 부모들은 아낌없는 박수와 격려를 보내주었다.

가장 자신있게 보여줄 수 있는 재주가 무엇인가에 대하여 아이들이 신이 나서 머리를 짜내는 탤런트 쇼는 자녀를 기르는 부모들이 한번쯤 생각해보아야 할 인상적인 장면이 아닐 수 없었다.

내 방에 커다란 종이를 붙여주세요

한 해가 저무는 것을 느끼게 될 무렵이면 곳곳에서 크리스마스 노래가 들려오고 평상시와 다른 화려하고도 들뜬 분위기를 보게 된다. 사람들의 움직임이 빈번하다는 생각이 들면서 리스먼(Riesman)이 쓴 『고독한 군중』이라는 책을 떠올리게 된다. 외관상의 사교성과는 달리 내적인 고립감에 번민하는 산업사회의 대중심리를 분석한 책이다. 산업화·기계화 되어가는 사회에서 이 화려하거나 떠들썩하고 복잡한 바깥 모습과는 달리, 우리 모두의 내면에 고립감이 더 쌓이는 것은 아닐까.

아이들의 마음도 마찬가지일 것이다. 뭔가 평상시와 다른 소일거리를 찾고 싶어하고 공연히 떼를 쓰거나 조르는 일도 잦아진다. 그렇다고 해서 날마다 색다른 놀이를 찾아주기도 어렵거니와 그것을 지속하게 하는 일도 쉽지 않다.

이럴 때 평상시보다 큰 종이를 준비하여 아이 방에 붙여주면 자신의 감정을 되돌아보고 논리적으로 생각하는 경험의 기회가 된다. 늘 사용하던 스케치북이나 책상 위에 펴놓고 그리던 종이에서 탈피하여 달력 뒷장 등으로 온 벽을 다 감쌀 정도로 붙여도 좋을 것이다. 나이가 어린 아이들에게는 다양한 자료를 동원하여 그리고 싶은 것을 그려보게 할 수 있을 것이다. 서서 몸을 이쪽 저쪽으로 뻗고 움직이며 벽화를 그리는 아이의 마음은 평상시에 그리던 그림과는 다른 기분일 것이다. 때로는 의자를 놓고 꼭대기에 그려야 할 때도 있을 것이며, 손으로 벽을 짚고 고개를 숙이고 힘을 쓰며 그려야 할 일도 있을 것이다.

잡지에서 그림을 오려 붙이거나 가족들과 번갈아가며 하는 단어잇기나 말 이어나가기도 흔히 할 수 있는 놀이이다. 어휘를 상당히 알고 생각을 확장할 수 있는 아이라면 논리적인 생각의 장으로 활용할 수 있을 것이다.

한 해를 마무리하는 때에 맞추어 '즐거웠던 일'과 '속상했던 일'로 나누어 양쪽에 써놓고 이들을 중심으로 나뭇가지를 뻗어 나가게 해본다. '즐거웠던 일'에는 선물받은 일, 놀이공원에 간 일, 비디오 본 일 등으로 가지를 뻗어나갈 수 있을 것이며 '속상했던 일'에는 친구가 욕한 것, 강아지가 아팠던 일 등을 떠올릴 수 있을 것이다. 소위 발산적이고 수렴적인 논리적 사고의 기회가 될 수 있다.

발산이라는 것은 안에 있는 것을 밖으로 흩어지게 하는 일이며, 수렴이라는 것은 여러 갈래로 흩어져 있는 의견이나 생각들을 하나로 모으는 일로서, 발산과 수렴은 논리적 사고의 기초를 이루는 것이기도 하다. 이처럼 즐거웠던 일을 벽에 펼쳐보고 이 여러 사건들이 즐거웠던 일로 모아지게 되는 것을 한눈에 볼 수 있게 되는 것이다.

아이의 능력 정도에 따라 기뻤던 일, 화났던 일, 슬펐던 일, 즐거웠던 일과 같은 희노애락으로 구분해볼 수 있을 것이다. 아이들은 생일파티가 기뻤던 일인가 즐거웠던 일인가의 구분에 관심을 두기도 한다. 너무 인지적인 분류에 초점을 두기보다는 아이의 감정을 표출하는 기회로 삼는 것도 좋을 것이다. 자신의 감정을 들여다보고 안정과 기쁨을 찾는 일은 정서의 순화를 돕는다.

이때 너무 조급하게 생각을 발산하도록 부담을 주는 일은 피하는 것이 좋다. "무슨 선물을 받았었지? 그것이 그렇게 기뻤구나"와 같이 적절한 질문과 칭찬을 통하여 아이의 생각으로 채워지도록 기다리는 자세가 필요하다. 방에 붙은 벽화나 생각나무를 완성하려면 오랜 시간을 두고 떠오르는 상을 표현하고, 그것을 고치기도 하고 때로 집중하여 매달리기도 하는 시간이 필요하기 때문이다.

새가 노래하는 소리가 들리지?

  어느 휴일에 아이가 공원에 가자고 했다. 직장에 다니는 엄마
는 모처럼의 휴일에 이것저것 밀린 일이 많았지만 아이와 늘 많
은 시간을 함께 해주지 못하고 있다는 마음 때문에 안쓰러운 터
라 선뜻 대답을 하고 나섰다.
  둘은 주섬주섬 손빠르게 가방을 간단히 챙겨가지고 공원에 도
착했다. 표를 사고 입구에서 약간의 과자와 음료수를 사서 놀이
공원까지 데려다주는 연결차에 올랐다. 아이는 다소 들떠 있었고
이것저것 쳐다보고 말하느라 몸과 마음이 바빴다. 엄마는 그러는
아이의 표정에 따라 맞장구를 치고 있었으나, 머리 속은 사실 여
러 가지 일거리로 가득 차 있었다. 온갖 복잡한 일들을 머리 속
에 가득 넣고 이 생각 저 생각 하는 동안에도 아이는 쉬임없이
말했다. 다른 엄마들처럼 분수대 앞에서 사진도 찍고 동물원을
향해서 같이 걸어갔다.
  아이가 다시 말했다.
  "엄마! 우리 공원에 처음 오지? 그렇지?"
  "그래? 그때도 왔잖니? 너 유치원에서도 두 번이나 견학왔었

잖아?"

"그렇지만 엄마랑은 처음 오잖아?"

"그렇구나!"

"엄마, 엄마랑 오니까 정말 좋다. 그렇지?"

"그렇구나! 정말 좋은데!"

엄마는 아름다운 공원이라고 생각은 하면서도 또 동물원을 열심히 찾아가고 있었으면서도, 무심히 아이와 손을 잡고 걷고 있을 뿐이었다. 참 좋은 날씨라고 생각하며…. 어쩌다 한 번씩 대답하며 미소를 보내는 엄마에게 아이가 다시 말했다.

"엄마, 참 좋지? 새가 노래하는 소리가 들리지?"

순간, 엄마의 귀에 아름다운 새소리가 들리기 시작했다. 잠에서 깨어난 듯 나뭇가지 위를 보니 참으로 작고 귀여운 새가 이 가지 저 가지를 팔짝팔짝 날아다니며 예쁜 소리를 내고 있었다. 엄마의 귀에 자연을 노래하는 새의 소리가 일행을 반기는 멜로디로 들려오는 순간, 각양각색의 수목의 표정이 가슴에 다가왔다.

"그래! 정말 아름답다!" 아까와는 분명 다른 어조로, 감동이 배어 있는 목소리였다. 엄마와 아이는 신명이 나기 시작했다. "새들이 무엇을 할까? 몇마리인가?" 둘은 열심히 세고 찾아보며 이모저모를 생각할 수 있었다.

"저 새와 이 새는 조금 다르구나!" 엄마가 말했다.

"그래도 두 마리는 똑같아. 야! 저쪽으로 날아간다. 우리도 뛰어가 봐요." 아이는 소리를 질렀다.

엄마와 아이는 뛰다가 걷다가 쉬다가, 동물원을 누비며 때로는 산책도 하며 무궁무진한 대화를 나눌 수 있었다.

"엄마! 새가 노래하는 소리가 들리지?"라는 아이의 구체적인 자극이 없었던들, 둘은 '평범한 대공원 다녀오기'를 한 번 더 진행했을지도 모른다. 차타고 가서, 입장권 사고, 줄서고, 동물구경하고, 탈것을 타고, 그리고 여느때처럼 지쳐서 돌아왔을지도 모른다. 그리고는 "오늘 실컷 놀았지?" 하고 아이를 위해 놀아준 하루에 위로하며 만족했을지도 모른다. 아이의 한마디는 엄마를 일상으로부터 자연으로 끌어들이도록 동기화하는 데 충분했다.

어린이날을 비롯하여 휴일이 많은 5월이다. 아이들에게 많은 것을 사주고 여기저기 보여주었다는 것에 만족하기보다, 오히려 우리들이 먼저 "새가 노래하는 소리가 들리지?"라고 아이에게 동기를 부여할 수는 없을까?

마당4
이 다음에 커서 무엇이 될까?

유아에게 문자쓰기 지도보다 먼저 해야 할 일

문자교육에 관한 부모의 관심은 대단하다. 그래서 아이들이 크레파스나 색연필을 들고 긁적거리기 시작하면 성급히 문자쓰기부터 가르치려 든다. 종이에 이름을 써주고 똑같이 따라 읽게 하거나 아이의 손을 잡고 천천히 따라서 써주는 엄마들도 있으며, 조급한 엄마들은 아예 여섯 칸짜리 초등학교 1학년 국어공책을 사다 주고 한 칸에 한 글자씩 반복해서 써보게 하는 경우도 흔히 있는 일이다.

그러나 이와 같은 것들온 유아에게 적설한 방법이 되지 못한다. 언어교육이란 듣기, 말하기, 읽기, 쓰기의 네 가지 부분으로 되어 있으며 듣기 · 말하기 · 읽기의 기초와 더불어 쓰기가 가능하고, 읽기와 쓰기는 유아의 발달에 맞는 방법으로 배워야 한다. 위와 같이 적절치 못한 방법으로 읽기와 쓰기를 강요하면 오히려 학습에 대한 흥미를 잃게 되고, 칭찬받기 위해 할 수 없이 하는 억지 공부가 된다.

문자를 쓰도록 하기에 앞서 다음과 같은 것을 염두에 두도록 한다.

지각변별력

글자를 파악하려면 그 기초 모양을 구별하는 지각변별력이 필요하다. 같은 모양, 전혀 다른 모양을 구별하는 데서부터 시작하여 대단히 비슷하면서도 조금씩 다른 세세한 모양에 이르기까지 그 구별력에도 다양한 차이가 있는 것이다. 이와 같은 변별력은 코끼리와 강아지가 다르다는 것으로부터, 같은 강아지라도 꼬리가 긴 강아지와 꼬리가 짧은 강아지의 구별, 같은 토끼 귀라도 왼쪽으로 구부러진 귀와 오른쪽으로 구부러진 귀를 구별하기에 이르기까지 그 능력이 다양하다. 후에 'ㅏ'와 'ㅓ'의 차이를 아는 것과 같은 것이다. 이름이 김성아인 아이가 '상어'라는 물고기 이름을 보고 "내 이름이다", "내 이름하고 비슷하다", "내 이름인데 이상하다"에서부터 '성아'와 '상어'가 다른 모양임을 아는 것이 바로 변별력이다. "이"와 숫자 "10"을 변별하지 못하여 이현아를 '10현아'라고 쓸 수 있으며 '선생님'이 '생선님'이 될 수 있는 것이다.

소근육과 눈과 손의 협응력

글자를 쓰는 데는 손가락 근육, 즉 소근육이 발달해야 하며, 눈과 손의 협응이 이루어져야 동그라미 하나라도 제대로 그릴 수 있다. 마음 속으로는 쉽게 하지만 눈과 손의 협응이 이루어지지 않아 동그라미가 잘 그려지지 않는 할머니의 경우를 생각해보면 알 수 있다. 동그라미를 그리기 시작하여 제자리에서 만나도록 하는 데는 미세한 근육의 도움이 필요하다. 그렇지 않으면 열심히 그렸는데도 콩나물 머리처럼 되거나 찌그러진 동그라미가 된다. 때로는 입이 돌아가고 몸도 움직이며 침을 흘려가며 열심히 그랬는데도 말이다.

공간개념

글자가 제 위치에 있지 않은 것은 아직 공간지각력이 발달되어 있지 않기 때문이다. 이름을 쓸 줄 알고 또 있어야 할 철자는 다 써 놓았으나 크기와 균형도 맞지 않고 제멋대로 여기저기 둥둥 떠다니듯 자리를 잡고 있는 경우이다. 또 종이 한 귀퉁이에 쏠려 있는 경우도 마찬가지이다. 이와 같은 공간지각력은 안과 밖의 위치나 왼쪽과 오른쪽의 방향개념이 함께 발달할 때 가능하다.

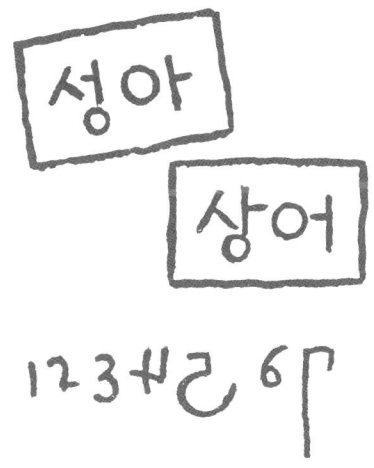

이와 같이 문자 하나를 제대로 쓰는 일에는 여러 가지 능력이 서로 협력을 이루어야 한다. 아버지 어머니를 열 번씩 써보게 하거나, 이름이라도 쓸 줄 알게 해준다고 손을 잡고 함께 따라 쓰는 일보다 먼저 해야 할 일이 있는 것이다.

첫째, 글자를 알게 되면 편리하고 유용한 생활을 할 수 있다는 것을 이해시킨다. 과자나 사탕봉지, 음식점의 메뉴판, 선전 책자, 상점의 간판, 그림책의 제목과 같이 아이에게 의미있는 것에서부터 알아보기 시작한다. 글자에 대한 호기심이 날로 늘어갈 것이며 아이 자신도 동기화 되어 기쁜 성취감을 느낄 것이다.

둘째, 주변에서 글자와 관련된 물건을 찾아본다. 집 안에서 'ㄱ'자를, 'ㄴ'자를 그리고 'ㅏ'자를 찾아보자. 그렇게 되면 창살의 'ㅏ'가 책상다리의 'ㅜ'가 되는 것을 알게 될 것이며, 솥뚜껑의 'ㅇ'이나 시계판의 'ㅇ'이 같은 것임을 알 수 있게 될 것이다.

셋째, 사물의 모양이나 위치를 구별해본다. 물건을 옆에, 위에, 아래의 위치에 똑같이 놓아본다. 모양뿐만 아니라 공간을 염두에 두고 위치를 구별해보도록 하면 안과 밖, 오른쪽, 왼쪽의 방향개념도 함께 발달될 것이다. 또 구슬꿰기나 손가락 근육을 사용하는 연습도 소근육발달을 돕는다.

책상에 가만히 앉아서 따분하게 다섯 번씩, 열 번씩 그려서 써보게 하는 것은 글자의 분리된 기술만을 강조하는 것이다. 오히려 자신의 생각이나 느낌을 말해보고 내용의 의미를 함께 이야기해보거나 문장을 완성시켜보는 경험을 통하여 전반적인 읽기, 쓰기의 준비를 도와주는 일이 더 중요하다. 이렇게 쓰기와 함께 협력하고 동반되어야 할 여러 가지 능력들을 재미있게 준비해나가면 보다 풍부한 어휘력과 함께 읽고 쓰는 일뿐만 아니라 전반적인 언어능력을 발달시키는 데 중요한 기반이 된다.

훌륭한 수학교재가 되는 한 권의 동화책

산업화, 정보화되고 있는 사회에서 인간의 수학능력은 삶의 거의 모든 분야에 걸쳐 그 필요성이 증가되고 있다. 수학교육은 계산 위주의 기술을 넘어서 자료의 수집과 분석에 이르기까지 광범위하게 확대되고, 나아가 각자에게 의미있는 경험으로 연결되어 실제 생활에 적용되도록 하는 데까지 관심을 갖게 되었다. 따라서 계산능력보다는 수학적으로 생각하고 가정하며 추리하는 능력의 발달이 요구되며, 바로 우리나라 〈유치원 교육과정〉에 제시된 바, 논리 · 수학적 사고의 기초능력과 태도를 기르는 일이나.

수 교육을 해야겠다고 생각한 부모가 손가락을 펴서 하나에서 열까지 세어보게 하거나 1부터 10까지 열 번씩 써보게 하는 경우는 흔히 볼 수 있는 일이다. 그러나 이와 같은 일은 1, 2, 3, 4, 5 등의 수 이름을 아는 데 도움이 될 수는 있지만 수의 체계와 개념을 이해하는 데는 별 도움이 되지 않는다.

수를 다루기 이전에 유아는 먼저 분류, 비교, 순서짓기(서열화)를 경험해야 한다. 식구를 구별해보고, 자신이 가진 과자의 갯수가 다른 사람보다 많은지 적은지 비교할 줄 알며, 큰 사과나 작은 사과나 똑같이 한 개인 것을 알며, 크기 순서대로 놓아볼 수 있는 능력이 바로 논리·수학적 사고를 형성하는 데 가장 근본이 되는 활동이다. 다음의 『우리는 친구』라는 동화책을 예로 들어보자.

두꺼비와 개구리는 친구이다. 어느 날 둘이서 산책을 갔다가 두꺼비가 옷에 달린 단추를 잃어버리게 되자 개구리가 같이 찾아주는 내용이다.

"여기 네 단추가 있어" 하고 개구리가 외쳤다.
"그것은 내 단추가 아니야. 그것은 까만색이야. 내 단추는 흰색인걸" 하고 두꺼비가 말한다.
"이것이 네 단추지?"라고 물을 때마다
"아니야, 그것은 구멍이 두 개야. 내 단추는 구멍이 네 개야."
"아니야, 그것은 작은 단추잖아? 내 단추는 큰 단추야."
"아니야, 그것은 네모 모양이잖아? 내 단추는 둥근 모양이야."

이렇게 하다가 결국 집에 돌아와 흰색이고 구멍이 네 개인 크고 둥근 두꺼비의 단추를 발견하게 되는 이야기이다. 로벨(Lobel)이라는 작가가 쓴 『개구리와 두꺼비는 친구(Frog and Toad are Friends)』라는 원작을 번안하여 우리나라에도 『잃어버린 단추』, 『우리는 친구』 등으로 소개되어 있다.

동화를 읽어주는 일에만 관심을 갖는다면 이것은 친구를 생각하는 착한 동물에 관한 이야기이다. 이때 "이것이 네 단추니?", "아니, 내 단추는 구멍이 두 개야", "아니, 내 단추는 네모난 모양이야"와 같은 구멍의 수와 모양에 주의를 기울여보면 수개념의 학습에 도움이 된다. 줄이 있는 단추, 동그라미가 두 개인 단추, 겉으로 구멍이 안보이는 단추, 큰 단추, 작은 단추, 빨간 단추, 파란 단추 등을 생각해보는 동안 분류, 비교, 순서화를 경험하게 된다. 단추상자에서 단추를 꺼내어 직접 수를 세어보고 같은 것끼리 모아보거나, 가장 큰 것에서부터 가장 작은 것으로 놓아볼 수도 있다. 재미있는 놀이로 수의 기초개념을 터득하게 되고, 그 옆에 그 아래 등으로 이어가는 가운데 위상수학의 개념을 접하게 된다. 『금도끼와 은도끼』라는 우리나라 동화를 예로 들어보자.

> "이 도끼가 네 도끼냐?" 산신령님이 물었다.
> "아니요, 제 도끼 자루는 끝이 뾰족합니다."
> "그럼, 이 도끼가 네 도끼냐?"
> "아니요, 제 도끼 자루는 더 길쭉합니다."
> "그럼, 이 도끼가 네 도끼냐?"
> "아니요, 제 도끼 자루는 끝이 둥근 모양입니다."

이와 같은 대화를 유도함으로써 자연스럽게 비교와 분류를 경험하게 되고 자루의 길이가 긴 것에서부터 짧은 것까지의 순서화를 경험해볼 수 있다.

『의좋은 형제』 이야기를 생각해보자.

가을에 추수를 한 후 식구가 많은 형님댁에 쌀이 더 필요할 것이라고 생각한 아우와, 새 살림에 여유가 없을 것이니 아우네가 쌀이 더 필요할 것이라고 생각한 두 형제가 서로 볏단을 몰래 갖다 주었다. 여전히 볏단이 줄어들지 않은 것이 이상하다고 생각한 두 사람이 달밤에 볏단을 지고 가다가 서로를 발견하고는 부둥켜 안고 감격하게 되는 이야기다. 물론 "형과 아우는 왜 몰래 갖다 주었고 달밤에 만났을까?"와 같은 형제의 우정을 얘기해볼 수 있을 것이다. 또한 서로 바둑알을 볏단으로 생각하고 나누기를 해보고, 큰 수가 작은 수로 나누어짐을 경험함으로써 부분과 전체를 알게 되는 비교와 분류활동도 가능하다.

"마마, 제 치마는 레이스가 달려 있나이다."

"제 치마는 아래에 사과가 그려져 있나이다."

"제 것은 길이가 긴 치마이옵니다."

이렇게 서로 주변의 사물을 가지고 확장시켜 나가보자. 한 권의 동화책을 읽고 내용을 아는 데 그치지 말고 비교, 분류, 순서 짓기, 수세기를 염두에 두어보자.

이제 한 권의 동화책은 이미 하나의 이야기를 넘어 무궁무진한 수학교육의 교재가 된다. 예를 들면 동화책 속의 공주의 물건과 왕자의 물건을 분류함으로써 비교가 가능해진다. 비교는 두 사물 사이의 관계수립과정이며, 순서짓기는 바로 이러한 비교에 기초하게 된다. 그렇게 되면 아이들은 스스로 수학의 기초개념을 터득하고 그 기술을 활용하게 됨으로써 자신에게 펼쳐진 수학의 세계를 신나게 탐구해가게 될 것이다.

초등학교에 입학하는 자녀를 위하여

새 학기가 시작되는 3월이다. 그 어느 때보다도 새로운 출발을 다짐하는 시기이기도 하다. 자녀를 학교의 문에 들여보내는 학부모의 마음도 마찬가지이다. '이제는 학생인데…. 무엇을 어떻게 해야 할까?' 걱정도 된다. 다음의 네 가지를 염두에 두어보자.

불안감을 호기심으로 바꾸자.

새로운 세계를 대하는 일은 정도의 차이는 있겠으니 누구에게나 불안한 것이다. 아이들에게 있어서는 새로운 학교, 선생님, 친구 등 모든 환경이 바뀌는 것이므로 특히 불안감을 조성하지 않도록 하는 것이 좋다. "너, 그래 가지고 어떻게 학교에 가겠니?", "학교가면 혼난다", "선생님이 얼마나 무서운 줄 알아?"와 같은 말로 공포심을 갖게 하기보다는, 학교는 즐거운 곳이며 좋은 선생님이 계시고 더 많은 친구들과 궁금한 것을 배우는 곳임을 알려주도록 한다.

유치원을 졸업한 아이들은 유치원 입학때 몇 명씩 소집단으로 모이게 하여 유치원 방을 여기저기 소개받거나 각자 재미있는 홍

미영역에서 조금씩 놀아보았던 기억이 날 것이다. 새 유치원에 대한 불안감을 감소시키면서 유치원이 즐거운 곳임을 느끼도록 하려는 것이다. 마찬가지로 초등학교도 미지의 세계이므로 어떤 아이들은 엄마의 손을 잡고 떨어지지 않으려 하고, 교문에 들어서면서부터 갑자기 발을 떼어놓지 않는 아이들도 있게 된다. 이럴 때 미리 입학하게 될 학교를 가보는 것도 도움이 된다. 교문에 새겨진 학교 이름을 함께 읽어보고 운동장의 정글짐이나 시소, 미끄럼틀을 타보는 것도 좋은 경험이다.

이때 "뭐가 무섭니, 걱정마라, 걱정마" 하는 것보다는 아이의 불안한 마음을 이해하고 쓰다듬어주는 것이 효과적이다. "선생님이랑 친구들도 잘 모르니까 걱정되지?"라고 먼저 인정을 해준 후에, 동네 친구를 몰랐지만 친해진 경우, 유치원 친구를 하나도 몰랐지만 친해진 경우를 구체적으로 생각하게 하여 자신감을 갖게 해준다.

새로운 것에 대한 긴장감을 여과시켜 초등학교는 어떤 곳이고 또 어떤 선생님일지 그림도 그려보고, 어떤 친구를 만나고 싶은지 이야기 해보는 가운데 빨리 가보고 싶은 학교로 바꿀 수 있다. 또 입학식이 지나고도 혼자 가지 못한다고 해서 "다 큰 애가 왜 그러니? 이제 너는 애기가 아니야"라고 하기보다는, 행동으로 안심을 시켜 같이 가주는 거리를 점점 줄여가도록 한다. 선생님을 신뢰하게 되고 친구가 생겨 걱정이 없다고 생각되는 순간에 아이는 미련없이 엄마와 떨어지게 될 것이다.

자율성과 책임감을 심어주자.

자율성과 책임감은 물론 하루 아침에 이루어지는 것은 아니지만 지켜야 할 규칙을 알고 익히며 혼자 입고, 씻고, 먹도록 해야 한다. 아이들은 조금만 틈이 보여도 '내가 안 해도 엄마가 도와주겠지!' 하는 생각으로 의지하기 마련이다. 어느날 갑자기 "이제 학생이니 네가 혼자 해라" 하면 낭떠러지에서 밀리는 기분일 것이다. 처음에는 같이 하다가 적절히 칭찬해가며 스스로 하는 비율을 높여가는 노력이 필요하다.

학교에서 돌아와 숙제를 먼저 하는 습관을 기르는 일이 중요하다는 것은 누구나 다 아는 일이다. 그러나 "숙제해라" "숙제해라" 하고 입버릇처럼 말하면 잔소리가 되기 쉽다. 무조건 책과 공책을 펴놓고 앉아 있다고 해서 공부가 되는 것이 아니므로 무엇을 먼저 해야 할지 순서대로 해본다. 집에 돌아와서부터 현관에 들어서 가방을 놓고 손을 씻고 간식을 먹고, 숙제하는 시간과 장소를 구체적으로 정하여, 처음에는 매일 실행해본다. 습관은 반복을 통하여 길들여지기 때문이다. 또 내일 가져갈 책가방과 준비물을 미리 챙기게 하고 입을 옷도 준비해놓는 습관이 필요하다. 상식적인 일인 것 같지만 작은 일부터 미리 준비하고 계획하는 버릇은 앞으로 더 큰 일도 혼자 처리해낼 수 있는 능력이 된다.

또래와 잘 어울리게 하자.

발달은 지속적이고 누적적이다. 그러나 유아기부터 초등학교 저학년까지는 그 어떤 단계보다도 성장이 급속히 이루어지는 시기이다. 무한한 흥미와 호기심은 이 일 저 일을 저지르며 자신의 행위를 시험하고 그 반응을 체험하는 동안 점차 스스로의 능력을 발견하고 활발한 상상력과 환상으로 연결된다. 이러한 환상은 초등학교 저학년으로 가면서 실험을 즐기고 사실에 가까운 조그만 물건에 집착하는 것으로 옮겨지게 된다. 스티커를 모으거나 나무 조각, 딱지, 고무로 된 배트맨, 구슬 등을 수집하고 분류하는 데 유독 관심을 갖게 된다. 인간관계에 있어서도 부모보다는 친구나 선생님, 집단을 염두에 두며 자신들의 의리와 우정을 중요하게 여기게 된다.

친구들로부터 인정받고 수많은 화제가 교환됨으로써 필요한 지식과 정보를 나누며 중반기에 이르게 되면 또래집단의 힘과 중 요성이 더욱 증가하게 된다. 이 시기에는 게임과 놀이를 통하여 규칙과 논리적 결과를 터득하게 되고 새로운 기술을 습득하게 되 므로 친구들과 잘 어울리게 하는 것이 중요하다. 또래집단은 아 이의 태도와 가치관 형성뿐만이 아니라, 어른들이 채워주지 못하 는 일종의 위안감을 주어 정서적 안정감을 얻기도 하므로, 친한 친구를 알아보고 건전한 친구들 사이에서 나름대로 인정을 받고 있는가 하는 점에 유의해야 한다.

학습활동에 필요한 준비를 돕자.

학습은 학업성적이 뛰어난 것만을 의미하는 것은 아니다. 문자 를 잘 쓰거나 수를 잘 세는 것만이 학습을 위한 준비가 되는 것 도 아니며, 무엇보다도 학습활동을 긍정적인 태도로 수용할 수 있어야 한다. 잘 쓴다는 것에 중점을 두기보다는 눈으로 대강 읽 을 수 있을 정도면 무리가 없을 것이다.

쓰기 지도는 많이 쓰는 것보다는 연필쥐는 방법과 글자의 획순 에 맞춰 쓰는 것을 지도해야 한다. 획의 순서에 ① ② ③으로 표 시하는 것보다는 색깔을 바꿔가며 보여주는 것이 효과적이다. 첫

획은 빨강, 두번째 획은 초록, 세번째 획은 노랑 등으로 바꿔가며 구분하면 순서를 보다 분명히 파악하는 데 도움이 된다.

또한 쓰기보다는 말과 글에 관심을 가지게 하고, 기초적인 언어능력을 신장해주도록 하는 것이 더 중요하다. 바로 〈유치원 교육과정〉에서 강조하고 있는 내용들이다. 글자의 경우에도 비슷한 글자를 구별하고 그림책을 보며 이야기를 꾸며보는 능력, 짧은 동화를 순서대로 이야기 해보는 능력과 같은 것이 보다 기초가 되어야 한다. 또 말소리를 정확하게 들을 줄 아는 일, 기초적인 낱말과 문장을 듣고 그 뜻을 이해하는 일, 동화를 듣고 기억나는 것을 말해보는 일, 묻는 말에 바르게 대답하는 일, 생각하고 경험하고 느낀 것을 표현하는 일과 같은 것이 학습의 중요한 원천이 된다.

셈하기의 경우에도 '100까지 쓸 줄도 모르니 큰일났다'고 생각하여 1부터 100까지 쓰게 하거나 달달 외우게 하는 경우가 있다. 그러나 이런 것보다는 물건의 같고 다름을 살펴보고 색깔별로, 모양별로, 크기별로 다른 기준에 외하여 분류해보고, 크기의 순서대로 놓아보는 이른바 비교·분류·서열화 활동에 초점을 둔다. 또한 우리 식구와 주스 잔을 일 대 일로 대응시켜봄으로써 모자라는 수를 생각하게 하고, 더 많은 수와 물건을 짝지어 남는 물건과 모자라는 물건을 생각해보게 하는 일도 좋은 방법이다.

앞서 언급된 것처럼, 유치원에서부터 초등학교 저학년에 이르는 시기는 점차 부모의 권위가 최고였던 것에서부터 또래집단의 영향력이 증가되는 때이다. 자칫하면 서로 말은 많이 하게 되지만 진정한 대화는 단절되기 쉽다. 밖에서 일어나는 일을 집에 와서 해봐야 들어줄 사람도 없고, 또 이야기를 해도 이해를 못하고 야단만 치게 되는 경우가 생기므로 숨기는 일이 많아지고, 아이들과 부모는 점점 더 마음의 교류가 없어지게 된다. 그렇다고 해서 "너 오늘 뭐 했니? 숙제 있니 없니?" 하는 식의 추궁하는 듯한 말도 바람직한 대화가 될 수 없다. 또 "오늘 학교에서 어땠니?" 하는 말에도 "좋았어요"라고 막연히 대답하게 한다. 유치원 때의 생활을 이야기하거나 부모가 지낸 하루를 이야기를 하면서 자연스럽게 대화하는 분위기를 지속해가는 것도 기억해야 할 일이다.

생각하는 힘을 기르자

한 엄마가 어린 딸아이의 손을 잡고 골목의 조그만 간이 분식점으로 들어가고 있었다. 분식점 문을 여는 순간 아이가 "엄마, 추수가 뭐야?" 하고 물었다. 엄마는 잠시 멈칫거리고 문을 천천히 열면서 "추수?" 하고 되물었다. "아니, 수수"

엄마는 들어가려던 걸음을 멈추고 "조금 더 뒤로 물러가서 보자" 하고 분식점 출입문에서 더 멀리 떨어졌다.

"다시 읽어보겠니?"

"수 수 수…가 뭐야?"

그때 엄마가 다시 "오빠 한문책 보는 것처럼 읽어보자" 하고 제안하자 아이는 "아아! 칼국수, 콩국수, 모밀국수…" 하고 읽어 내려 갔다.

"이제 제법 글도 읽을 줄 알게 되었구나."

아이가 흐뭇해 한 것은 말할 것도 없고, 엄마는 딸아이가 읽은 것 중에 무엇을 먹을지 생각해보게 하고 모녀는 힘차게 분식집 문을 들어섰다.

흔히 우리 주변에서 볼 수 있는 일이다. 우선 분식점에 들어가는 것에 바빠서 아이의 말에 귀를 기울이기 어려울 수도 있었고, '추수'가 무엇인지 물었을 때 '농부 아저씨가 하는 추수 말이 니?' 하고 손을 잡아끌었을 수도 있었다. 그런데 조금 여유를 갖고 물어보자 아이는 다시 발음을 분명히 해보려고 노력했고, 조금 뒤로 물러섰을 때 맨아래 눈에 들어오는 두 글자만 읽었던 것에서 옆으로 더 시야를 확장하며 '수 수 수…'라고 읽을 수 있었다. 옆으로 동화책을 읽듯이 읽었던 것으로부터 세로로 씌여있는 '오빠 한문책'이라는 힌트를 주어 위아래로 내려봄으로써 '칼국수', '콩국수'라고 스스로 생각하여 읽어내게 된 것이다.

엄마는 무슨 말인지 건성으로 듣고 지나쳤을 수 있는 순간에 사고의 기회를 제공함으로써 아이는 훌륭한 학습이 될 수 있었다. 자기가 메뉴를 읽고 들어와 앉은 뒤 다시 벽이나 메뉴판에 씌여진 다양한 메뉴를 신나게 읽는 것은 물론, 성취감을 느꼈음은 두말할 필요가 없을 것이다.

사고란 넓은 뜻으로는 인간의 지적 작용을 총괄하여 이르는 말로써, 생각하고 결정하고 예측하는 일이다. 즉 개념, 판단, 추리의 작용을 할 수 있는 힘이다. 인간은 생각하는 과정을 통하여 대상을 인식할 뿐만 아니라 목표를 설정하고 수단과 방법의 관계를 파악하기도 하는 것이다.

유아기는 그 어느 때보다도 무한한 사고력이 발달되는 시기이다. 우리는 논술이 중요하다, 사고력이 중요하다는 말을 많이 한다. 논리적이고 과학적인 기술이나 설명도 생각하는 힘이 있어야 가능 하며, 생각하는 힘은 생각하는 기회가 축적되고 연습됨으로 해서 보다 심화·확대될 때 튼튼해질 수 있는 것이다.

"저건 무슨 나무야?" 하고 묻는 아이에게 "집에 가서 사전 찾아보자. 그러니 책을 많이 읽어야 겠지?"라고 말하기보다는 "잘 모르겠는데…. 우리가 이름을 지어볼까?"라고 했을 때 그 나무의 이름을 짓기 위해 나무의 생김새, 모양, 색깔을 주의깊게 보고 생각할 수 있는 기회가 생기는 것과 마찬가지이다. 태어난 아이의 이름을 지을 때를 생각해보면 사물을 '명명' 한다는 것도 여러 가지 사고의 기회를 마련해준다. 그 후에 그림백과사전을 찾아보고 비슷한 꽃모양을 비교해보아도 늦지 않을 것이다.

아끼고 손에서 놓지 않는 로봇의 이름을 지어보자. 그 로봇은 다른 로봇과 어떻게 다른가 판단해보자. 로봇이란 무엇인가 그 특징을 생각해본다.

'쇠나 플라스틱으로 되어 있다.'

'주인 말대로 조종할 수 있다.'

'팔과 다리를 따로따로 움직이며 걷는다.'

이와 같이 생각해보면 로봇의 특징을 통해 개념화가 이루어진다. 바로 "로봇" 하면 떠오르는 것을 사고의 힘을 빌어 표출하는 것이다. 그렇게 되면 로봇이 앞으로 할 수 있는 일, 우리를 도울 수 있는 일을 예측할 수도 있을 것이다.

무조건 종이와 연필을 놓고 지능훈련이나 두뇌를 개발한다고 신경을 쓰게 되면 오히려 심리적으로 압박감을 느끼고 흥미를 잃게 된다. 생활 속에서 아이의 말에 귀를 기울임으로써 아이의 세계에 함께 들어간다면 아이는 쉽고 재미있게 생각하는 기회를 얻게 됨으로써 스스로 생각하는 힘을 길러나가게 될 것이다. 아이가 만나는 사물 즉, 감성적 소재를 총괄하여 대상의 여러 측면을 인식하게 하는 일은 바로 생활 속에 있음을 기억해야 할 것이다.

아이의 세계를 들여다보자

우리들 중에는 쌩 떽쥐뻬리(Saint-Exupery)라는 작가가 쓴 『어린 왕자』를 기억하는 사람이 많을 것이다. 여섯살의 어린 왕자는 어느날 원시림에 대한 책 속에서 커다란 동물을 삼키고 있는 구렁이 그림을 보게 된다. 그 구렁이는 먹이를 씹지 않고 송두리째 삼키고는 소화시키느라고 반 년이나 잠을 잔다는 것이다.

그 이야기의 장면을 한참 생각하던 어린 왕자는 그림을 그려 어른에게 보여주었다. 어른들은 모두 "모자"라고 했고 더 이상 생각을 하려 하지 않았다. 어린 왕자가 "속을 들여다보면 사실은 코끼리를 삼키는 구렁이"라고 설명하자 어른들은 그제야 이해하게 된다. 어떤 어른은 보이거나 안 보이거나 그런 것은 대수롭지 않다고 하며 지리와 문법이나 셈에 관심을 가지라고 충고하기도 하였다.

어린 왕자는 "어른들은 정말 혼자서는 아무것도 이해하지 못해. 코끼리를 삼키는 뱀이라고 매번 설명해주어야 하니 맥이 빠진다"고 푸념하였다. 때때로 아이들의 독특한 세계와 시각을 접할 때면 메마른 사막 위에 나타나 항상 질문하고 생각하며 주변

세계를 자기 삶의 일부분으로 길들여가는 어린 왕자를 문득 기억하게 된다.

대학생들의 시위가 한창이어서 최루탄 가스 때문에 눈이 맵고 콧물과 재채기가 나오는 바람에 눈을 뜰 수가 없다고 생각할 때가 있다. 시위대 근처를 겨우 지나온 엄마는 유치원에서 돌아올 아이가 걱정이 되어 아이가 현관문을 들어서자마자 물었다.

"어떻게 왔니? 힘들었지!"

"엄마, 눈을 감을 수가 없어서 혼났어요."

"눈을 감을 수가 없었다고…?"

"응, 눈을 뜨고 걸어오잖아? 그런데 감으니까 너무 따가워, 그래서 이렇게 뜨고 왔지"

우리는 보통 '눈을 뜰 수가 없다'는 표현을 의심하지 않고 당연하게 습관처럼 사용한다. 그러나 아이의 말을 차근차근 생각해 보면 일리가 있는 말이기도 하다. 눈을 뜨고 걸어오다 깜박거리느라 감아보니 따가워서 감을 수가 없었던 것이다. 놀라운 관찰력이기도 하다.

감기가 유행할 때 소금 양치질을 하게 하거나 소금물로 눈을 씻겨줄 때에도 같은 일이 일어난다.

"눈을 떴다감았다 해봐."

"따가워서 싫어."

"깜박거려야 소금물이 안으로 들어가지."

"싫어, 눈을 감으면 따가워" 하면서 아이는 애써 눈을 감지 않으려고 부릅뜬다. 한 번 깜박거려보니 따가웠기 때문에 눈을 감을 수가 없다고 생각하는 것이다.

"왜 소금물로 씻어요?"

"우리 눈에 보이지 않는 더러운 벌레들이 떠다니면서 병을 옮기기 때문에 눈 속에도 들어갔을 거야."

"소금이 벌레를 죽게 해요?"

"그럼! 소독이 되는 거지."

"그럼, 소금을 던져서 벌레를 잡으면 되잖아요."

아마도 부모들은 아이의 생각에 미소를 지을 것이다.

시위대를 지나 집에 돌아온 아이에게 "매워서 혼났지? 얼른 씻고 간식 먹자" 하며 서둘러 씻기고 갈아입혀 맛있는 간식을 주는 데만 급급했었다면 이런 독특한 표현을 들을 수 없었을 것이다. 마찬가지로 유행성 감기가 돌 때 소금물로 눈을 씻고 양치질을 하는 일에만 급급했던들 소금을 공중에 던져 벌레를 잡겠다는 아이의 세계에 함께 들어가지 못했을 것이다.

아이에게 스쳐 지나가는 일상적인 일도 주의깊게 들여다보고 함께 생각해보면 아이의 생각이 자라나는 모습이 투명하게 들여다보인다. 아이 자신에게 보여지는 시야를 표현하면서 나름대로 감성의 틀을 형성해가는 모습은 우리에게 작은 감동을 주기에 충분할 뿐만 아니라, 우리가 얼마나 고정관념 속에서 살고 있는지를 때때로 가르쳐준다.

누군가 아이의 세계를 들여다보는 일은 가장 개성있는 어른을 만나는 것과 같은 즐거움이 있다고 하지 않았던가!

엄마가 지낸 하루

유치원 일과를 끝내고 돌아온 아이에게 엄마가 물었다.

"오늘 유치원에서 재미있었니?"

"예."

"뭐하고 지냈지?"

"모르겠어요. 그냥 놀았어요."

"간식도 안 먹었니?"

"먹었어요."

"뭘 먹었니?"

"음…, 딸기하고 쵸코파이"

대화는 대개 여기에서 중단되고 만다.

한나절을 보내고 온 아이의 생활이 궁금한 엄마는 친절하게 물어보지만 아이는 시큰둥하고 또 어떤 때는 생각이 잘 나지 않는다고 대답하기도 한다. 엄마는 오늘 일어난 일이 왜 생각이 나지 않을까 의아해하면서도 그러려니 지나치게 되고 아이가 말수가 적다고 생각한다. 때로는 OO 닮아 자상하지가 못하다는 방향으로 생각을 돌리는 경우도 생길 것이다.

입장을 바꾸어 누군가 어머니 자신에게 "오늘 어떻게 지내셨어요?" 하고 묻는다고 생각해보자. "글쎄요, 뭐 날마다 똑같지요, 뭐…." 특별한 대답이 어렵다는 것을 알게 된다. 아이도 마찬가지일 것이다. 어머니의 질문은 너무나 범위가 넓었고 일방적이기도 했다. 마치 어머니는 묻고 아이는 대답하고 하는 식이 이어진다. "오늘 놀이시간에 무엇을 하고 놀았니?" 하고 좀더 구체적으로 물어본다.

"집짓기 놀이요."

"어떤 집을 지었니?"

"이쪽에는요, 이런 집을 지어가지고요, 이쪽으로 갔거든요, 그런데 이쪽에서요…."

이쪽이 어떤 쪽인지, 엄마로서는 무슨 말인지 알아듣기가 어렵다. 아이는 아직 자기가 한 일을 요약하고 정리해서 상대방에게 전달하는 능력이 부족하기 때문이다. 어떤 영역에서 어떤 놀이를 누구하고 했는지, 선생님은 무슨 동화를 들려주셨는지, 무엇이 재미있었는지 궁금한 엄마의 마음을 시원하게 할 수가 없기 때문에 답답해진 엄마는 "천천히, 똑바로 말해봐"와 같이 조급하게 되물어보게 되어 결국 "왜 그렇게밖에 못하느냐" 하는 식의 비난이 나오게 되고 "이렇게 했어야지, 아무렇게나 하니까 그렇지?"와 같은 책임추궁식의 충고가 빈번하게 되는 것이다.

아이에게만 묻지 말고 엄마의 하루에 대한 일로 이야기를 꺼내보자.

"오늘 유치원에서 재미있었니? 엄마는 그동안 수퍼에 가서 콩나물을 사다가 국을 끓였단다." 또는 회사나 학교에 가서 바빴던 일을 아이가 알아들을 수 있는 말로 얘기해본다. "오늘 엄마가 늦어서 막 뛰어갔단다"라고 하면 "오늘 우리 유치원에 OO도 늦게 왔어요"라고 자신의 경험을 꺼내 볼 것이다. "오늘 은행에 갔다오는 길에 날씨가 너무 더워서 웃옷을 벗어들고 왔단다"라고 하면 "우리도 굉장히 더웠어요. 참! 엄마, 선생님이 내일은 반팔 입고 오라고 했어요"와 같이 깜빡 잊어버렸던 말도 기억해낼 것이다.

사실 아이들은 엄마가 무엇을 하며 지냈는지에 대하여 관심을 갖기가 어렵다. 유치원에 보내고, 설거지를 하고, 백화점에 가서 할머니 생신선물을 사고, 집에 와서 전화연락을 하는 등 숨가쁜 엄마의 하루에 대하여 잘 알지 못한다. 또 직장에 나가 여러 사람을 만나고 저녁시간에 수퍼에 들러 찬거리를 준비하기까지 매일 똑같은 것 같은 엄마의 하루도 자세히 들여다보면 하루도 같은 날이 없듯이, 아이의 유치원 일과도 똑같은 날은 없는 것이다. 아이에게서 선생님하고 재미있게 놀았다는 형식적인 말보다는 보다 구체적인 내용을 기대하듯이, 엄마가 지낸 하루 중에서도 구체적인 내용으로 이야기를 꺼내보면 아이가 자신의 경험을 외부로 끌어내는 동기가 된다.

동생 데리고 소아과에 다녀온 이야기를 함으로써 아이는 동생이 아팠다는 것을 알 수 있게 된다. 바로 타인의 감정상태를 공감하는 '감정이입'이 일어날 수 있으며, 이러한 감정이입의 능력은 다른 사람의 입장에서 행동하고 생각할 수 있는 힘으로 확대됨으로써 소위 사회인지능력을 발달시키는 데도 도움이 된다. 또 엄마의 실수도 얘기하면 유치원에서의 자신의 실수도 얘기하게 된다. 자신의 얘기를 꺼낼 때 상대방도 마음을 열고 같은 사례를 얘기함으로써 정보를 교환하게 됨은 당연한 일이다. 또 '오빠는 무엇을 했을까? 할머니는 무엇을 하셨을까?' 와 같이 가족으로 그 대상을 확장해볼 수도 있다. 여기까지 생각이 미치면 당장 전화를 걸어보자고 제안할 수도 있을 것이다. 물론 손자와 할머니는 따뜻하고도 흐뭇한 대화를 나누게 되었을 것이다.

아이에게 묻지만 말고 엄마 자신에게 묻는다고 생각해보자. 날마다의 생활이 평범하고 일상적인 일과인 듯 싶지만 그 안에서 바로 특별한 사건을 꺼낼 수 있을 때 공을 주고받는 것과 같은 교류가 생기게 되고 아이와의 생동감 넘치는 대화를 기대할 수 있게 된다.

넘치는 안내장을 교재로 활용하자

하루에도 수많은 종류의 안내장, 화보, 선전지들이 쉴새없이 쏟아진다. 아침 저녁으로 신문에 끼어 들어오는 백화점 세일 안내를 비롯하여 동네 수퍼마켓이나 옷가게의 신장개업 등에 이르기까지 종류, 색깔, 크기, 모양도 다양하다. 종이가 너무 흔하다 보니 절반 이상이 거의 그대로 쓰레기통으로 가는 경우도 허다한 것 같다.

크고 튼튼한 상자를 준비하여 이런 종이들을 아이와 함께 모아 보면 훌륭한 교재가 될 수 있다. 아이들은 만 3세만 되어도 지정된 장소에 반복하여 갖다넣는 일을 할 수 있으며 또 즐겁게 참여할 수 있다. 상자 뚜껑을 아래에 겹쳐놓아 열어두거나 상자를 한두 개 준비하여 크기나 종류별로 분류하여 담는 것도 아이의 연령에 따라 활용할 수 있을 것이다.

어느날 새로 분양하는 아파트에 커튼 안내책자가 날아들었다. 아이와 엄마는 커튼의 다양한 모양을 넘겨보다가 여러 가지 크기의 문에 관한 얘기를 하게 되었다. 문의 크기나 형태에 따라 커튼의 모양도 달라지기 때문에 아이에게는 자연스럽게 비교·분류·짝짓기와 같은 인지적 활동이 일어나게 된 것이다. 밀어서 여는 문, 돌려서 여는 문, 아래로 내리는 문 등으로 확장해보니 미닫이, 여닫이뿐만 아니라 회전문, 자동문, 공중전화 부스와 같이 접어지는 문, 백화점의 장식문처럼 열리지 않는 문이나 부엌에서 공기를 밖으로 내보내는 문도 생각하게 되었다.

3~4세 유아라면 문이 달려있는 물건을 그림 안내장에서 찾아 한두 개 오려 붙여볼 수도 있을 것이다. 문자에 관심을 가질 때라면 종이에 창문의 그림과 글씨를 오려 붙인 후 여러 개의 낱장을 모아 책을 만들어볼 수도 있다. 4~5세 유아라면 진열장, 장식장, 캐비닛, 옷장문 등의 물건을 넣을 수 있는 문을 찾아볼 수 있을 것이다. 나이에 따라 표지판이나 시장 입구와 같은 장소를 알려주는 문, 통풍이나 채광을 위한 문, 공항의 가방이 드나드는 곳이나 자동세차와 같이 물건이 다니는 문, 뻐꾸기 시계나 개집처럼 동물이 다니는 문, 건물의 장식유리같이 멋을 내기 위한 문, 소화전과 같이 물건을 보관하기 위한 문으로 생각을 확장하게 된다. 5~6세 아이들과는 톨게이트의 창문이나 은행 창구, 자판기, 지폐투입구와 같이 주로 물건을 주고받기 위한 문도 이야기해볼 수 있다. 같은 물건이라도 볼링장에서 공이 들락거리는 문, 현관의 신문이나 우유를 넣는 곳처럼 직접 주고받지 않아도 되는 문이 있다는 생각도 가능하다.

물론 부모가 늘 옆에서 같이 있어주기는 어렵기 때문에 안내책자에서 찾아 오려 붙여보도록 하면 신나는 일이 될 것이다. 처음부터 생각을 확장하도록 돕는 일을 강조하기보다는 버리지 않고 차곡차곡 모으는 일, 모아진 것을 색종이 대신 종이접기에 활용하는 일부터 시작해본다. 인쇄된 선전용지는 매끄럽고 빳빳하기 때문에 종이배, 바지, 저고리, 딱지 등과 같이 아이들이 잘 접는 색종이의 훌륭한 대용품이 될 수 있다.

'사고싶은 것', '친구에게 선물하고 싶은 것', '할아버지 할머니께 사드리고 싶은 것'과 '내 방에 달고 싶은 커튼'을 모두 모아볼 수 있다. 사실 내가 사고 싶은 것은 미미공주일 수 있지만 할아버지와 할머니께 사드리고 싶은 것은 여행가방이나 편하게 입으실 수 있는 원피스일 수도 있을 것이다. 대상에 맞는 사물을 짝지어 보는 것은 인지능력뿐만 아니라 상대방의 입장을 이해하고 느끼는 조망수용능력의 기초가 된다. 다섯 장이든지 열 장이든지 여러 날을 두고 오리고 붙인 것을 모아 제목을 붙여보는 일도 가능하다.

커튼이나 문에 대한 대화에서처럼 문은 꼭 열고 닫는 것만이 아니라 따뜻하거나 시원하게 해주며, 더러운 공기를 내보내기도 하고, 에어컨의 틈새나 압력밥솥의 구멍과 같이 필요한 문의 역할을 해주는 것을 알 수 있게 된다. 그렇게 되면 사람에게도 귀, 입, 코, 눈꺼풀과 같은 문의 역할을 해주는 것이 있음을 기뻐해 줄 수 있을 것이다. 여기저기에 문의 역할과 기능을 할 수 있는 것이 있다는 생각을 하게 되면 아이는 아마도 "이것도 문이야?", "여기는 어디에 문이 있어요?" 하면서 수시로 그림을 들고 와서 자주 묻게 될 것이고, 사물을 단순히 보는 것을 넘어서 주변 사물로 확장하고 창출해내는 계기가 될 수 있을 것이다.

엄마는 어느날 새로 나온 커피포트의 선전그림과 컴퓨터를 오려붙인 스케치북에서 끓는 물이 나오는 문과 디스켓이 들락거리는 문으로 생각을 확장한 아이의 모습을 발견할 수 있을지도 모른다.

공원에 흩어진 새알 초콜릿

언젠가 시내 근교의 옛 문화재를 찾아간 적이 있었다. 조용한 숲속 정자에 이르는 돌계단을 한 부부와 아이가 걷고 있었다. 아이는 바둑알처럼 생긴 여러 가지 색의 새알 초콜릿 봉지를 들고 먹으면서 엄마 뒤를 따라가다가 그만 주루룩 흘리고 말았다. 초콜릿 알이 돌계단에 부딪치며 사방에 흩어졌다.

"아이구, 조심을 해야지!" 엄마는 주의를 주기 시작했다.

"아깝다, 아까워! 다 흘렸지?"

봉지를 들여다보던 아이가 몇 개 남지 않은 것을 알자 속상한 표정으로 울상이 되었다. 입을 삐죽거리며 눈물을 흘리려 하자 옆에 가던 아빠가 "왜 그런 걸 길에서 먹니?" 하고 한 마디 덧붙였다. "그것 봐라, 내가 뭐라고 했니? 올라가서 먹으라고 했는데 참지 못하더니…" 하고 엄마가 맞장구를 쳤다.

가벼워진 봉지를 들고 재촉하는 부모를 따라 아이는 터벅터벅 정자를 향해 올라갔다.

미국의 공원이나 산책길에서도 이런 일은 흔히 발견된다. 조용한 산책길에서 한 아이가 감자칩을 모두 흘려버렸다. 엄마가 조용히 고개를 가로저으며 손으로 길바닥을 가리켰다.

"안돼!"라고 하며 주워서 갖다버리도록 했다.

여기저기 흩어진 감자칩을 긁어모아 가까운 쓰레기통에 갖다버리는 것까지를 지켜본 아빠가 말했다.

"잘했다. 착하구나!"

그들은 다시 걷기 시작했고 엄마는 다시 주의를 주기 시작했다.

"음식을 먹을 때는 조심해야 한단다." 그리고,

"길이 더러워지면 우리가 산책을 즐길 수 없단다."라고.

이와 같은 광경들은 어린 아이들이 있는 곳에서는 흔히 볼 수 있는 일이다. 아이들은 과자봉지를 뜯자마자 봉지를 거꾸로 들어다 흘려버리기도 하고, 부주의해서 한 눈을 팔다가 쏟아버리기도 한다. 공원이나 고궁에서 아이들이 음식이나 과자를 흘렸을 때 부모로서 주의를 주는 것은 당연하다.

앞의 예에서 정자에 오르던 부모는 아깝다거나 흘리면 안된다는 사실에만 집중한 나머지, 공공장소에서 지켜야 할 규칙을 염두에 두게 하는 데는 소홀한 점이 없지 않다. 엄마가 야단을 치고 결국 아빠도 화를 내게 되어 가족 모두가 기분이 좋지 않게 된 것은 물론, 부모가 타이르는 말이나 훈계가 아이에게 얼마나 전달되었는지 모르겠다.

반면에 산책길에 부모는 여러 사람이 다니는 곳에서는 조심해야 한다는 것을 말로만 강조하기보다는, 아이가 주워서 쓰레기통에 버리고 끝까지 뒷처리를 하게 함으로써 행동에 옮기도록 하는 점이 눈에 띈다. 부부가 아이의 행동을 지켜보고 지도하는 과정에서 부모의 마음이 아이에게 훨씬 더 잘 전달되었다고 보여진다.

공중도덕을 가르치는 데는 여러 가지 방법이 있을 것이다. 좋은 본보기를 보여주는 일, 반복된 행동을 통하여 습관을 들이도록 하는 일, 잘잘못의 원인과 결과의 관계를 논리적으로 생각해보는 일, 또는 지켜야 하는 이유를 나름대로 추론하는 것에 이르기까지 다양하다. 연령이 조금 높은 아이들에게는 우리가 다닌 길이 어떻게 될 것인지 생각해보게 하는 것도 도움이 된다. 여기저기 흩어진 새알 초콜릿이 보기 싫다고 해서 바로 밟아버린 경우에 대해서도, 사람들이 계속 밟고 지나가거나 뜨거운 햇볕이나 비가 와서 녹아내린 경우에 대해서도 상상해볼 수 있다. 또 깨끗하고 아름다운 길과 더러운 길에 대한 사진이나 그림을 보거나 그려볼 수도 있을 것이다.

그러나 나이가 어릴수록 논리적인 설명보다 더 중요한 것은 반복된 행동을 통하여 좋은 습관을 길러주는 일이다. 공중도덕은 얼핏 나는 귀찮은데 여러 사람을 위하여 해야 되는 것으로 생각하기 쉽다. 그 여러 사람이 바로 나를 포함한 '우리'라는 생각으로 자리잡는 일은 쉽지 않다. 또 아무리 '우리'라는 생각으로 자리잡혔다 해도 귀찮게 생각되면 불편하고 거추장스러운 것이 되기 십상이다.

풀포기의 뿌리가 깊을 때, 도자기가 뜨거운 화로에서 오래 구워졌을 때, 흔들리지 않고 단단하다는 것은 고전에서 많이 비유되었던 예이다. 행동은 오랜 시간을 두고 습관화되었을 때 품성의 한 부분을 이루게 된다.

방학이라 가족끼리 야외에 갈 기회가 평상시보다 많아지는 때이다. 흘린 것만을 아까워하거나 공공장소를 더럽히지 않도록 주의를 주는 것에서 그치지 말고 한 걸음 더 나아가보자. 산책길의 부모와 같은 마음으로 줍고 뒷처리를 하는 습관을 길들여보자. 그런 다음에 주의사항을 설명해주어도 늦지 않을 것이다.

이 다음에 커서 무엇이 될까?

가슴에 담겨지는 동화

온 가족이 앉아 TV를 보고 있을 때 아이가 동화책을 들고 와서 읽어달라고 조른다. 때때로 나머지 가족은 옆에서 TV를 보고 있고 엄마가 옆에서 동화책을 읽어주기도 한다. 힐끔힐끔 TV화면에 신경을 쓰면서 읽어주자니 동화읽는 데는 소홀하게 되며, 반대로 엄마가 읽어주는 도중에 아이가 화면으로 다시 눈을 옮겨 가기도 한다. 부모와 아이는 이미 내용을 잘 알고 있기 때문에 건성건성 읽기도 한다.

아이 방에 가득 쌓여있는 책이지만 한 권이라도 가슴에 담겨지도록 공들여 읽어주었을까? 한 권이라도 함께 동화의 세계로 들어가 보았을까? 빨리빨리 술술 읽어주고 "끝~" 하면서 내일 또 읽어준다는 약속을 남발하며 책장을 덮지는 않았을까? 우리 주변에는 이제 너무나 많은 읽을거리가 쌓이게 되었다. 어떻게 읽어주는 것이 좋을까? 다음의 몇 가지를 생각해보자.

첫째, 나이에 맞는 내용을 선택한다. 대개 3세아 정도라면 사물이 간단하게 몇개씩 그려져 있는 것이 좋으며, 4세아 정도는 4~5쪽 정도로 줄거리가 짧은 간단한 이야기가 좋다. 연령에 따라

수준을 조금씩 높여가되 쉬워서 자주 손에 들고 혼자서도 즐길 수 있는 책이면 더욱 좋을 것이다. 또 가족, 일상생활, 자연, 과학, 환상이나 모험, 환경, 역사, 사회경제 개념에 이르기까지 다양한 것을 경험하게 하는 것이 바람직하다.

둘째, 조용한 분위기를 만든다. 되도록이면 TV를 끄고 책에 집중할 수 있게 한다. 그렇다고 해서 굳이 일정한 장소를 정해놓고 그곳에서만 읽을 필요는 없을 것이다. 책의 크기와 분량에 따라 다르겠지만 언제 어디서라도 쉽게 읽어줄 수 있으면 좋을 것이다. 때로는 조그만 아이용 텐트 속, 커튼을 달고 아늑하게 만든 방의 귀퉁이, 편안한 소파 한쪽 어느 곳에서라도 책에 집중할 수 있는 분위기라면 가능할 것이다.

셋째, 책장을 천천히 넘긴다. 줄줄 읽어주기보다는 아이와 함께 천천히 책장을 넘기는 마음으로 여유있게 읽는다. 또 아이가 직접 책장을 넘기는 재미를 느끼게 하는 것도 좋다. 그러는 동안 그림, 삽화, 글씨 등을 나름대로 종합하며 풍부한 상상을 할 시간을 갖기 때문에 오히려 이해도 빠르게 된다.

넷째, 되도록이면 자주 읽어주는 기회를 갖는다. 동화를 자주 읽어주는 것이 좋다는 것을 알면서도 부모 자신도 바쁘다 보면 마음처럼 쉽지가 않다. 또 어떤 엄마의 경우에는 읽어줄 수 있는 시간이 한정되어 있다. 부담이 되지 않는 분량을 선택하여 하루에 한 권씩이라도 잠자리에 들기 전에 읽어주는 것도 좋을 것이다. 조그만 크기의 책을 가방에 넣어가지고 다니며 틈이 날 때마다 읽어줄 수도 있을 것이다. 누구를 기다리는 동안이나 자투리 시간을 활용하면 적어도 책을 가까이 하는 습관을 길들이는 데 도움이 될 것이다.

다섯째, 실감나게 읽어준다. 요즘은 아이들이 녹음 테이프를 많이 사용하게 되었다. 그러나 사실 테이프는 특별한 시간과 공간을 필요로 한다. 혼자 앉아서 듣는 이야기보다 엄마의 목소리를 통한 사람과의 교감은 단순한 이야기전달 이상의 가치가 있는 것이다. 실감나게 한다고 해서 손을 지나치게 많이 사용하거나 온몸을 움직이기보다는 산만하지 않은 범위에서 표정, 몸짓, 손짓과 목소리, 억양 등으로 거들면 보다 효과적이다.

　여섯째, 책에서 보고 들은 것을 얘기해본다. 책을 읽고 나서 간단한 질문을 해본다. 한두 마디 물어보아 대답을 못한다고 해서 하나도 이해를 못하고 있다고 걱정할 필요는 없다. 지나치게 물어보면 싫증이 나므로 이야기의 사실이나 내용 전체에만 초점을 두지 말아야 한다. 나이가 어릴수록 "어떤 동물이 좋으니?", "무엇이 재미있었니?"와 같이 간단히 물어봄으로써 생각나는 것을 회상하도록 한다.

　어린 시절에 읽은 한 편의 동화가 평생동안 우리 가슴에 남아 있는 경우를 본다. 동화책은 분명 넓고 깊은 삶의 세계에 동참하게 하는 문화재임에 틀림이 없다. 그러나 동화책이 많다고 해서, 또 많이 읽어주고 있다는 것에 안심하기보다는 어떻게 읽어주고 있는가 되돌아보자. 한 권이라도 아이와 함께 주인공을 따라 동화 속의 세상에 들어가 상상의 세계를 날아가보자.

이 다음에 커서 무엇이 될까?

유치원에 다니는 딸아이가 엄마에게 물었다.

"엄마, 나 선생님 되도 괜찮아?"

"그럼, 괜찮고말고. 너, 선생님 되고 싶니?" 하고 되묻자 아이는 천천히 고개를 끄덕였다.

그런데 걱정이 있다는 것이다. 이유인즉, 아이가 작년 생일날에 친구들 앞에 나가 간호사가 되겠다는 노래를 불렀는데 이번 생일날에 선생님으로 바꿀 수 있느냐는 것이었다.

우리 아이들이 잘 부르는 노래 중에 "나는 나는 될 터이다. OO가 될 터이다"라고 자기가 되고 싶은 것을 말하면 아이들이나 상대방이 "옳지 옳지 OO는 OO이 되세요"라고 응답해주는 노래가 있다. 아이는 작년 생일날 생일을 맞은 주인공으로서 친구들 앞에 나가 "나는 나는 될 터이다. 간호사가 될 터이다"를 두 손을 흔들고 율동까지 하면서 신나게 불렀다는 것이다. 그런데 이제는 유치원 선생님이 되고 싶다는 생각을 하게 되었는데 이번 생일에 바꾸어서 말해도 되겠느냐는 걱정을 하고 있는 것이었다.

이 아름다운 고민에 대하여 "얼마든지 바꿀 수 있단다" 하고 말해주니 아이는 그러면 계속계속 바꾸어도 되느냐고 물었다. 네 마음대로 되고 싶은 것이 있으면 언제든지 바꿀 수 있다고 할 것인가? 그러다가 날마다 다른 것이 되고 싶다고 바꾸는 것은 목표도 없이 산만해지는 것은 아닌가? 쓸데없이 엄마의 마음도 의문이 생긴다. 언젠가 우리가 어렸을 때 아이들은 대부분 대통령이나 장군이 되겠다고 했던 것에 비하면, 요즈음의 아이들은 상당히 많은 직업을 보고 듣게 되었고, 이들의 포부도 상당히 다양해졌으며, 어떤 아이들은 제법 구체적으로 생각하는 것도 보게 된다.

유아기 아이들에게 있어서 '무엇이 되겠다'고 하는 것은 어떤 의미가 있는가? 유아는 어린 시절부터 자신을 돌보아주는 사람을 통하여 기본적인 안정을 느끼며 세상을 신뢰하기 시작한다. 그 신뢰감의 형성을 통하여 자아를 확립해가고 자신을 긍정적으로 생각하며, 다른 사람을 믿고 존중함으로써 자신감과 안정감을 더욱 튼튼하게 만들어간다. 이 자신감과 안정감이 바로 내가 할 수 있는 일이 있음을 느끼게 하는 귀한 원천이다.

나에게는 나의 생각, 내가 좋아하는 것과 싫어하는 것이 있으며 남과 같은 것도 있고 다른 것도 있다는 것을 인정하는 가운데 '내가 하는 일'과 '다른 사람이 하는 일' 나아가서 '사람들이 하는 일'에 대한 관심을 다양하게 불러일으키게 된다.

"간호사가 되어도 괜찮고 선생님이 되어도 괜찮다" 또는 "바꾸어도 괜찮다"라거나 "어렸을 때는 자주 바뀌는 것이란다"와 같은 막연한 대답보다는 '세상에는 즐겁게 할 수 있는 일이 많다'는 것에 초점을 두고 보면 사람들이 하는 일에 대하여 관심을 갖게 되고, 나아가서 직업에 대한 생각을 확장시키는 데 도움이 된다. 아이에게 중요한 것은 지금 당장 간호사나 교사가 되겠다는 목표를 세우는 것이 아니라 사람들이 하는 일, 생활, 문화, 역할 등을 느끼며 경험을 확장해나가는 데 있기 때문이다.

왜 간호사가 되고 싶다고 생각했는지 물어보면 아마도 주사도 놓아주고 약도 지어주는 간호사를 떠올리게 될 것이다. 또 왜 선생님이 좋은지를 생각해보게 한다. 그러다 보면 간호사나 선생님이나 모두 남을 위해 열심히 일하는 역할을 해야 함도 느끼게 된다. 또 직접 간호사나 선생님 놀이를 해볼 수도 있다. 모자, 주사기, 약상자 등을 만들고 준비해보는 과정에서 또는 선생님 놀이를 해보도록 하는 과정에서 여러 가지 대화가 가능해질 수 있다. 선생님은 많이 알아야 된다고 생각하는지, 아니면 종이하고 채점할 수 있는 빨간 색연필만 있으면 된다고 생각하는지도 이야기 나눌 수 있는 귀한 기회가 될 수 있을 것이다. 또 간호사 언니는 주사를 마음대로 놓아줄 수 있다고 생각함으로써 늘 무서워하며 주사를 맞아야 하는 자신의 입장을 보상받을지도 모른다. 그런가 하면 친절하고 고마웠던 간호사나 선생님의 역할에 대한 감정이입도 가능해진다.

흔히 등장하는 의사나 과학자만이 아니라 잡지책에서 되도록 다양한 직업인의 모습을 보게 하거나 직업에 대한 동화를 들려주기에도 적절한 기회이다. 경찰관, 목수 아저씨, 디자이너, 기사 아저씨, 세탁소 아주머니를 소개하고 다양한 역할을 생각해보게 하자. 간호사가 된다고 했는데 선생님이 된다고 해도 되는지를 묻는 아이의 소박한 마음을 미래의 직업에 대한 다양한 관심으로 이끌어보자. 아이는 세상에는 즐겁게 할 수 있는 일이 너무나 많다는 벅찬 꿈을 세어보기 시작할 것이다.

늘 곁에 있는 듯한 엄마

"엄마, 가지 마." 아이가 말했다.

"어떡하지? 엄마가 가야 되는데…."

"나도 갈래요."

"엄마 일하는 데 가면 모르는 사람이 많이 있는데…."

"소개하면 되잖아요."

유치원에 새로 온 친구와 서로 인사를 나누고 소개하는 경험을 갖게 된 아이는 엄마와 헤어지기를 싫어하며 같이 있자고 한다. 이러한 일은 직장에 다니는 엄마들이라면 대개 경험해 본 일이다. 더 어린 아이들은 옷자락을 붙잡고 못나가게 하기도 하여 부모로서 안쓰러울 때가 한두 번이 아니었을 것이다. 더구나 아이가 몸이라도 아픈 날은 복잡한 교통정리(?)를 하고 떠나와야 하면서 마음의 갈등을 느낄 때도 여러 번 있었을 것이다.

"엄마, 나랑 놀아요." 하는 아이에게 물어본다. "엄마랑 노는 것이 재미있니?" 아이는 꼭 재미있어서 그렇다는 대답을 하는 것은 아니다. 그저 같이 있고 싶은 마음 때문이다. 어차피 일을 해야 하는 상황이라면 마음의 갈등을 계속 껴안고 지내기보다는

이처럼 '같이 있고 싶은 마음'을 가능한 한 채워주도록 노력하는 일이 더 중요하다. 어떻게 하면 엄마와 떨어져 있는 동안에도 곁에 함께 있는 듯한 느낌을 갖도록 도와줄 것인가? 다음의 몇 가지를 생각해보자.

첫째, 출근할 때 "안녕!" 하면서 황급히 나가기보다는, 헤어지는 마음의 표현을 할 수 있는 시간을 갖는다. 물론 쉬운 일은 아니겠지만 이러한 표현을 하는 데는 단 몇초밖에 걸리지 않으므로 마음의 여유를 갖는 것이 좋다. 부두에서 이별을 하는 사람들이 뱃고동이 울리고 배가 서서히 움직여 시야에서 사라질 때까지 손을 흔드는 것을 상상해보자. 사람은 누구나 감정의 해소와 여과의 시간이 필요한 것이다. 손을 흔든다고 해서 헤어지지 않는 것도 아니고 더 빨리 만날 수 있는 것도 아니지만, 적어도 내면의 감정을 표출하는 과정이 되기 때문이다.

둘째, 아이의 말을 귀담아 듣는다. 퇴근후는 누구나 피곤하기 마련이다. 그때부터 또 다른 형태의 일을 다시 시작한다는 것이 그리 쉬운 일은 아니다. 따라서 아이의 말도 건성으로 듣기가 쉽다. '말해봐야 소용없는 엄마'가 되면 아이는 점점 이야기를 하지 않게 된다. '말해봐. 다 듣고 있으니까' 하는 식보다는 단 몇초라도 아이의 눈을 마주보고 성의껏 들어주는 자세가 필요하다.

셋째, 작은 약속이라도 반드시 지킨다. 바쁜 생활이므로 잘못하면 "나중에 해줄게", "일요일날 해줄게" 하고 약속을 남발하는 경우가 생긴다. '내일' 또는 '일요일'처럼 날짜를 급하게 정해서 말하고 지키지 못하는 것보다는, "엄마가 언제가 좋을지 생각해볼게", "언제 할 수 있을지 저녁먹고 생각해보자"라고 하면 저녁을 먹은 후 아이는 잊지 않고 챙길 것이다. 그때 함께 아이의 계획, 엄마의 사정을 서로 이야기해서 가볼 수 있는 시간을 정하면 사리를 판단하고 계획하는 데도 도움이 될 것이다. 그리고 일단 결정한 약속은 반드시 지키되 부득이한 사정이 생기면 사과를 하고 대안을 찾는다.

넷째, 간단한 그림 또는 글로 마음을 전달한다.

"식탁에 포도 있다. 맛있게 먹어라.
-엄마가-"

이와 같은 메모는 아이들로 하여금 더욱 곁에 있는 듯한 느낌을 준다.

"포도 맛있게 먹었어요.
-○○○-"

어느날 이런 서투르게 쓴 답장을 보게 될 것이다. 아

이가 글자를 아는 정도에 따라 글과 그림을 넣어 간단한 메모를 남기는 것은 언어학습에도 도움이 된다.

다섯째, 건전한 소일거리를 마련해준다. 엄마가 직장에 나가서 일을 하는 동안 종일 아이 생각을 하고 있는 것은 아니다. 때로는 잊어버리고 정신없이 자기 일에 몰두하기도 하듯이 아이에게도 유익한 소일거리가 필요하다. 엄마가 나간 후 하루 시간을 어떻게 보내는가 아이의 입장에서 면밀히 그려보고 소일거리를 점검해본다. 유아교육기관이나 돌봐주는 사람이 있을 수도 있고, 집에 있는 아이라면 적절한 게임이나 놀잇감을 마련해주는 일 등이다.

이외에 때때로 엄마가 하는 일을 자세히 얘기해주는 것도 도움이 된다. 엄마가 아침이면 그저 나가서 저녁 늦게 들어온다는 생각을 하는 것보다 열심히 일을 하고 온다는 것을 알려주는 것이다. 또한 무엇보다도 엄마 자신의 심리적 정신력이 중요하다. 일상의 안이로움에서 벗어나 다른 종류의 일을 하며, 또 퇴근때는 하루종일 파묻혔던 일에서 벗어나 가족과 함께 지내는 다른 일로 전환한다는 생각으로 자신을 나독거릴 필요가 있을 것이다. 무엇보다도 염두에 두어야 할 것은 하루종일 함께 있지 못하는 대신, 비록 짧은 시간이지만 안아주고 옆에 앉아 있어주는 등의 접촉을 통한 대화와 즐거운 놀이를 통하여 질적인 교감을 나누려는 노력이다.

다양하게 생각하는 놀이

　물질의 풍요를 누리게 되면서 세상은 점점 더 편리해진 것에 비해 아이들은 생각하기를 싫어하게 된 것 같다. '가서 사면 되고, 안하면 그만' 이라는 생각으로 눈앞에 다가오는 문제를 풀어나가기는 커녕 생각조차 하기 싫어하는 경향이 심해지고 있다. 누구든지 생각을 하는 일은 귀찮은 것이 아니라 즐겁고 좋은 결과를 가져올 수 있다는 경험을 갖게 되면 더 많은 생각 더 좋은 생각을 하기 위해 애쓰게 되기 마련이다.

　아이들에게도 작은 것이나마 생각하는 습관을 갖게 하는 것은 의미있는 일이다. 그러나 갑자기 눈앞에 주어진 문제를 생각해보게 하는 일은 쉽지 않으며 또 흥미도 없을 것이다. 평소에 생활 속에서 그다지 어렵지 않으면서도 즐겁게 생각할 수 있는 기회와 여유를 가져보는 것도 도움이 된다.

　"아이스크림을 보면 무슨 생각이 나니?"

　처음에는 아마도 잘 대답하지 못할 것이다. 또 어떤 아이들은 아이스크림 생각이 난다고 대답하기도 한다. 창의적이고 다양한 대답을 기대했던 어머니는 실망할 수도 있을 것이며 "어이구, 어서 먹기나 해라!" 하고 더 이상 함께 생각하려 들지 않을 수도 있다.

그러나 아이스크림을 보고 아이스크림 생각이 난다는 것은 얼마나 당연한 일인가!

"그래, 아이스크림이 맛있지?" 또는 "엄마는 녹으니까 빨리 먹어야겠다는 생각이 난다"고 말할 수 있을 것이다. 아이는 전자렌지에 데우면 녹았던 경험을 꺼낼 수도 있을 것이며, 엄마가 못먹게 하는 커피 아이스크림이 좋다는 생각도 말할 수 있을 것이다. 이렇게 생각의 문이 열리기 시작하면 "그릇에 담아 먹을 수 있다(흘릴 때 접시에 담아 숟가락으로 떠먹은 기억 때문)", "밑에 과자가 있다", "제리가 들어 있다", "우리집 냉장고에 아이스크림이 있다"와 같은 생각을 해낼 것이다.

집에서 종이나 스케치북 구석에 아이스크림, 요술지팡이, 지렁이, 사탕과 같이 아이들이 쉽게 보고 경험하는 물건을 쓰거나 잡지에서 오려 붙여줄 수 있다. 시간을 두고 생각나는 것을 써보게 할 수도 있을 것이다.

쓰기를 즐기는 아이들에게는 연말에 쏟아지는 선전 팜플렛이나 백화점 안내장에서 사탕, 요술거울, 냉장고 등을 종이에 하나씩 붙이게 한다. 그리고 사탕에 대하여 또는 요술거울에 대하여 생각나는 것을 쓰거나 오려 붙여보게 할 수 있다.

"사탕—맛있다, 예쁘다, 너무 먹으면 이가 썩는다"와 같이 써내려가보면 하나하나가 의미있는 작품이 될 수 있다. 물론 모아서 책으로 엮어줄 수도 있을 것이다.

보석전에 관한 선전그림에서 반짝이는 반지그림을 오려 흰 종이 구석에 풀칠을 하여 아이 방에 붙여주어도 좋을 것이다. "예

쓰다, 다이아몬드다, 손가락에 끼는 것이다, 네번째 손가락에 낀다, 두번째 손가락에 낀다"와 같이 재미있는 문장을 발견할 수도 있을 것이다. 그렇게 되면 자주 틀리는 철자나 글자도 자연스럽게 가르쳐주는 기회가 될 수 있다. 그러나 잘못된 것을 수정하기보다는 생각을 풀어가는 일에 중점을 두어야 한다.

또 어느 정도 진전되면 한 줄씩 이야기나 쓰기로 엮어볼 수도 있다. '나는 아이스크림이 좋아요'라고 쓴 글 밑에 '아이는 아이스크림을 사러 수퍼마켓에 갔어요'라고 쓸 수 있을 것이다. '가는 길에 윗층 아주머니를 만났어요', '저녁에 반상회가 있대요', '수퍼마켓에 들어갔는데 고구마가 있어요'와 같이 하나의 이야기가 되고 일기의 형식으로 발전할 수도 있을 것이다.

생각나는 것을 말하여 연상하고 연합하는 과정은 사람의 인식과 기억에 있어서 필수적인 과정이다. 모든 지식의 원천은 감각으로부터 얻어지고, 이렇게 얻은 경험은 비슷한 것(유사), 다른 것(대조), 가까이 있는 것(인접)과 연결됨으로써 복합적인 정신작용을 일으키게 되기 때문이다.

아이들은 누구나 단순하고도 복잡한 생각들을 하기 마련이다. 그러나 각각의 단순한 생각이 더욱 풍부한 개념으로 연결되기 위해서는 시간적으로나 공간적으로 가깝게 또는 자주 일어날 수 있는 기회와 연습이 있어야 한다.

마당5
인생의 성공을 좌우하는 정서지수

창의력의 출발은 호기심으로부터

　몇년 전 어느 신문사의 상을 받게 된 한 여류 미술가에 대한 기사를 읽은 적이 있다. 그가 주로 심취하는 작품의 대상은 다섯 손가락의 장갑이었다. 그 장갑이 구부러져 있을 때, 똑바로 펴져 있을 때, 주먹을 쥐었을 때, 힘없이 늘어져 있을 때의 다양한 표정이 그를 감동시켰고 수년 동안 그의 작품세계를 오르내렸다. 그런데 작품의 동기는 참 우연한 것이었다고 회고하였다. 미국 유학시절, 친정 어머니께서 일할 때 손이 시릴까봐 고무상갑을 심 속에 넣어 보내주셨다고 한다. 장갑을 꺼내는 순간 어머니의 사랑을 느끼게 되었고 그 감동을 억누를 수가 없어 작품으로 표현하게 되었다는 것이다.

　당시의 기사내용을 생각하며 그의 창조적인 사고의 과정을 음미해보게 되었다. 수퍼마켓에 가면 흔하게 볼 수 있는 고무장갑이지만, 그것이 어머니의 사랑으로 부풀려져 있음을 보았을 때 그는 이제까지 늘 무심하게 보아왔던 고무장갑에서 뜨겁고도 시린 정이 가득한 생명력을 발견했다. 그 이후 가슴을 감싸 흔드는 감동을 고무장갑뿐만 아니라 면장갑, 털실장갑 등의 다양한 소재

에서 발견하고 그 사랑을 확대시켜감으로써 수십 가지 손의 표정
을 탐구하는 미술가가 된 것이리라.

남과는 다른 사람이 되어라.

창의성이란 이처럼 어떤 문제나 상황에 직면했을 때 남과는 다
른 보다 독특한 아이디어를 생각해내는 능력이다. 독일의 심리학
자 헬름홀츠는 창의성의 3단계를 문제를 발견하고 선정하는 준
비, 그 생각을 배양하고 끊임없이 껴안고 기르는 부화(심사숙고),
그리고 창조적 영감이 떠오르며 깨닫는 조명의 단계로 설명하고
있다. 이 세상의 수많은 사람들이 고무장갑을 사용하고 있지만
그는 아무 것도 아닌 고무장갑을 색다른 감정과 관심으로 관찰하
면서 문제를 발견했고, 그 감정을 끊임없이 소중하게 감싸면서
골똘히 생각한 결과 자신의 감정이 승화된 창작품을 만들어 낼
수 있었던 것이다.

우리는 때때로 창의성을 지능과 결부시켜 생각하는 경향이 있
다. 지능은 크게 이해하는 지능과 창조하는 지능으로 구별할 수
있다. 이해하는 지능이란 주로 설명이나 사물의 성질을 수동적으
로 알게 되는 능력이다. 이에 비해 창조하는 지능이란 보다 환경
에 자율적으로 적응해감으로써 새로운 의미를 발견하는 지능을
뜻한다. 우리가 흔히 듣는 '남보다 나은 사람이 되기보다는 남과
다른 사람이 되라' 는 격언이나 '물고기를 잡아주기보다는 물고
기 잡는 법을 가르치라' 는 교훈도 같은 의미이다.

이와 같은 창조적 지능은 어떻게 하면 개발될 수 있는가? 우선
호기심이 있어야 하며 다양하고 독특한 생각이 인정되는 분위기
나 격려가 필요하다. 또한 이러한 정신의 자유가 끊임없는 관찰

과 탐구심으로 이어질 때 더 큰 힘을 가지고 튼튼하게 지탱되는 것이다.

모든 지능발달에 있어서 가장 중요하고도 필수적인 출발점은 바로 호기심이다. 호기심은 종이나 연필을 가지고 앉아서 무언가를 할 때보다는 사물을 가지고 놀고 탐색할 때 가장 잘 발달한다. 또 막연히 장난감을 가지고 논다고 사고가 발전하는 것도 아니다. 스스로 그 사물을 만지며 다루는 동안 정신적 활동이 함께 이루어졌을 때 사고가 발전한다. 정신적 활동이 일어나려면 그 상황이 아이 자신에게 의미있는 것이어야 한다. 아이에게 시험지에 있는 사과 세 개를 세어보게 하는 것보다는 친구들과 사과 세 개를 나누어 먹도록 하는 것이 보다 의미있다. 글자를 무조건 가르치기보다는 음식점의 차림표에서 좋아하는 음식을 찾아볼 때, 아이로 하여금 글자를 알게 되면 편리하고 유용한 생활을 할 수 있다는 느낌을 갖게 한다. 따라서 자신에게 보다 의미있는 경험이 되어야 하는 것이다.

볼펜의 다른 용도를 생각해보게 하라.

공에 대한 글자를 아는 것보다는 공을 만져보고, 던져보고, 들어보아 공을 가지고 놀 때 단순한 호기심이 정신적 활동에 참여함으로써 공의 성질을 알게 된다. 그 만큼 손과 머리를 동시에 움직인다는 뜻이 내포되어 있다. 어느날 아침에 갑자기 새로운 생각이 튀어나오는 것이 아니라 늘 꾸준히 끊임없이 생각하는 가운데 그 실마리가 떠오르게 되며, 늘 꾸준히 생각하려면 그것이 재미있고 호기심을 자극해야 하는 것임은 당연한 이치다.

다양하고 독특한 생각은 그러한 자유가 인정되는 분위기가 허

용될 때 가능하며 자주 격려하고 칭찬해주어야 한다. 또 되도록
이면 한 가지 정답이나 완전한 대답을 요구하기보다는 여러 방면
으로 생각해보는 기회를 갖는 것이 좋다. 우리가 흔히 보는 볼펜
은 '쓸 수 있는 것'이지만 다른 용도를 생각해보게 하면 아이들이
오히려 기발한 생각을 해내기도 한다. '가려울 때 긁을 수 있다'
'장롱 밑에 들어간 물건을 찾을 때 사용할 수 있다', '앞부분을
돌려 빼고 합창할 때 지휘봉으로 쓸 수 있다', '비눗방울 빨대나
도장으로 사용한다', '줄을 그을 때 자로 사용한다' 등 아이디어
는 무궁무진하다. 긴 끈이나 보자기 하나도 아이들에게는 귀중한
창작품의 소재이며 이를 생활에 활용할 수 있는 것이다. 보자기
가 왕자님의 망토가 되고 궁전의 카펫이 될 수 있는 환상과 생각
이 자유롭게 시공을 넘나들게 되는 수많은 가상적 생각의 의견을
교환할 기회를 갖는 것도 필수적이다.

사고라는 것은 성인에 의해 배워지는 것이 아니라 스스로 흥미
를 가지고 그 사물에 대한 개념을 수정하고 변형시켜 나가는 가
운데 생기는 정신적인 활동이다. 사물의 개념을 수정하고 변형시
키기 위해서는 연필과 종이가 필요한 것이 아니라 사물을 자세히
들여다보고 마음대로 탐색하는 일이 중요하다. 그렇게 함으로 써
장난감을 가지고 놀듯이 어려운 개념도 마음대로 주무르게 되는
것이며, 이러한 탐색활동의 힘이 길러질 때 우리는 탐구력과 문
제해결력이 높다고 말한다. 고무장갑에서 어머니의 사랑을 발견
하고 눈시울이 뜨거워질 수 있는 것은 많은 사람들에게도 있을
수 있는 경험이다. 그러나 장갑에서 느껴지는 사랑과 사물의 교
감이 끊임없이 이어졌을 때 비로소 탐색하는 힘으로 발전될 수
있다.

피아제(Piaget)는 교육학, 심리학, 의학 등 전 세계의 다양한 학문 분야에 큰 영향을 끼친 스위스의 학자이다. 그는 잔잔한 물에서 근육이 길어지는 달팽이가 파도에 부딪칠 때마다 껍질에 붙어있는 근육을 팽팽하게 조이며 바위에 더 찰싹 달라붙는 것을 유심히 보았다. 파도라는 환경의 변화에 대한 적응을 통해서 생물의 행동과 진화를 연구하여 후에 아기가 어머니에게 더 매달리는 관계, 지적인 발달의 관계를 연구했다. 세계적 학문의 주류에 엄청난 영향을 미친 유아의 지능이나 발달에 대한 연구도 달팽이나 조개와 같은 연체동물에 대한 호기심으로부터 출발하였음에 유의해야 한다. 그는 이상한 것을 좋아하는 아이가 아니라, 남들이 쉽게 지나치는 작고 평범한 사실을 새로운 각도로 볼 때마다 즐거움을 느끼고 끊임없이 탐구하는 동안 인류가 갖고 있는 의문을 해결해갔던 것이다.

이 세상에는 수만 종류의 직업이 있다. 이것을 사무직 · 노동직 등으로 구분하면 약 2만2천여 종이 되고 조종사 · 운전사 등으로 세분하면 약 4만여 종의 직업이 있다고 한다. 사회가 산업화되고 전문화될수록 창의적인 사람을 필요로 하는 새롭고 다양한 분야가 엄청나게 늘어날 것이다. 우리는 누구에게나 주어진 평범한 삶이라 할지라도 우리의 아이들이 그 삶을 보다 유용하고 의미있게 받아들여 나름대로 독특하게 만들어가기를 염원한다. 언젠가는 혼자 서게 될 내 아이를 기억하면서 "어떻게 하면 소신껏 자기가 하는 일에 기쁨을 느끼고 자율적이고 창조적인 삶을 살 수 있도록 해줄 것인가?" 한번 생각해볼 때인 것 같다.

훌륭한 시청각 교재가 되는 영상매체

우리 아이는 TV 앞에서 산다느니 TV를 너무 좋아해서 큰일이라는 말을 한다. 또 하루종일 비디오를 몇번씩 보고 앉아 있다고 걱정을 하기도 한다. 우리는 TV와 비디오 같은 매체가 시력은 물론 사고력을 저하시키는 '바보상자'라고 하면서도 이미 아이들 생활의 한 부분이 되고 있음을 부인할 수 없다. 그러므로 TV를 보느냐 안 보느냐의 논란보다는 TV와 비디오를 어떻게 활용할 것인가가 더 중요하다. 첫째는 선별적으로 시청하는 습관과 태도를 기르는 일이며, 둘째는 시청능력을 신장시키는 일이다.

어떤 부모들은 폭력영화나 공격적인 영화를 보고 나서 아이들이 오히려 가슴이 후련해지고 스트레스를 해소하므로 정신건강을 돕는다 생각하기도 한다. 그러나 연구에 의하면 그런 경우 공격욕구가 감소되기보다는 더욱 촉진시킨다는 쪽이 우세하다. 즉 사회적으로 학습되어 그러한 자극과 조건들이 모방되고 모델화된다는 것이다. 특히 흉기나 무자비한 장면 등은 그것을 보는 사람들로 하여금 정서적 흥분수준을 더욱 부추긴다는 사실이 입증되고 있다(이것을 심리학에서는 소위 유발단서라고도 부른다).

살인과 복수가 빈번한 비디오, 아이들의 혼을 빼앗아가는 게임과 만화에 빠져들고 모두가 들뜬 분위기에 점점 더 감염되고 있다. 그러한 사실에 대하여마저 무감각해지는 시점에서 조금이라도 빨리 깨어나야 한다. 아이들이 모이면 TV나 비디오를 시청하고 재미가 있으면 점점 가까이 다가들어 빠져드니 눈을 비벼가면서도 올려다보는 것이다. 누워서 장시간 시청하는 아이들도 있으니 시력이 나빠질 것은 당연하다. 게다가 늦은 시간까지 보는 것도 더욱 문제가 되는데, 이것은 부모나 가족이 밤늦게까지 시청하는 데서 기인한다.

부모 자신은 밤늦게까지 연속극 보고 애국가가 나올 때까지 앉아 있으면서 자녀에게는 가서 자든지 공부하기를 바라는 것은 어려운 일이다. 소일거리나 재미있는 일이 있어야 흥미를 바꿀 수 있으며 심야에는 잠들 수 있도록 조용한 분위기를 만들어주는 것도 필요하다. 밤이 늦으면 TV를 끄고 온 가족이 즐기는 게임이나 놀이로 유도한다든지 그런 분위기를 만드는 것이 기본적으로 우선되어야 한다. TV를 유아에게 맡길 것이 아니라 부모와 함께 시청하거나 필요하다고 생각되는 것을 의논하며 골라서 보는 태도를 초기에 갖도록 지도하는 것도 바람직하다. 프로그램 안내를 놓고 보고 싶은 것을 표시하여 함께 선택하는 것이다.

아무리 교육적인 것을 선별했다고 하더라도, 또 그것을 즐겨 보았다고 해도 모두 같은 정보를 얻는 것은 아니다. 똑같이 시청해도 그 시청능력은 다르기 때문이다. 시청능력이란 메시지를 올바르게 해독하고 이용하는 능력 즉, 정보를 처리하는 능력을 의미한다. 이와 같은 시청능력은 『피터팬』의 등장인물이나 사건의 이해와 파악뿐만 아니라, 놀랍고 슬픈 감동 그리고 이 이야기를 표현하는 힘까지를 모두 포함한다.

이와 같은 능력을 길러주기 위해서는 적절한 발문을 통하여 생각을 자극해볼 수 있다. 전문적으로는 부분파악, 전체파악, 통합파악, 비판적 파악, 창의적 파악의 다섯 단계로 구분하기도 한다. 『미녀와 야수』를 시청하고 "무엇을 보았니? 어떻게 생겼지?" 하고 묻는 것은 부분파악에 해당된다. "처음으로 본 것은 무엇이니? 어떤 이야기지?" 하는 것은 전체파악이며, "왜 그랬을까? 무엇을 가르쳐주고 있니?"와 같은 통합파악이 가능하다. 또 "이상한 것이 없었니? 정말일까?"와 같은 창의적 파악도 가능하다.

그러나 갑자기 처음부터 창의적 파악을 하는 것은 쉽지 않다. 오히려 어린 아이들에게는 이 단계 이전에 나온 사람이 누구누구인지, 어떤 일을 했는지, 그들이 한 일을 어떻게 생각하는지 등을 물어봄으로써 등장인물을 파악하고 정보를 수집하며 등장인물에 관심을 갖도록 유도하는 것이 효과적이다.

또 TV에서 본 것을 일상생활과 학습에 연결시켜본다. 큰 동물과 작은 동물을 비교하고 분류하며 크기를 서열화함으로써 수의 기초개념을 습득할 수도 있으며, 착한 일을 한 곰돌이를 흉내내어 볼 수도 있을 것이다. 재미있는 노랫말을 반복해봄으로써 새로운 단어를 습득할 수 있게 된다. 가을에 대한 단어를 '가' 자로 시작하는 말로 연결해본다. "가재, 가구, 가시, 가위, 가랑비, 가마미 해수욕장, 가야금, 가야산, 가곡, 가격, 가게, 가지나물" 등과 같이 주변 사물로 확대할 수 있게 된다.

TV나 비디오는 동화, 그림책, 역할극, 인형극 등의 아동문학을 종합적으로 포함시키는 매체의 역할을 할 수 있다. 그러므로 시청능력을 신장시켜주면 동기를 유발시키고 경험을 심화시키는 동시에 아이들의 자발적 활동을 개발하고 권장해줄 수도 있다.

　TV만 보니 걱정이다. 비디오에 빠져 있다고 야단하기보다는 조금씩 시청시간을 줄여보자. 그리고 선별하여 시청하는 습관과 태도를 길러주자. 시청능력을 길러 보다 효과적으로 활용할 수 있게 하면 바보상자가 아니라 학습에 동기를 제공하는 훌륭한 시청각교재가 될 수 있을 것이다.

표현력이 부족한 아이

과거에 비해 아이들의 성장속도가 놀랄만큼 빨라진 것 같다. 부모들은 우리가 어렸을 때도 저랬을까 하는 생각을 하기도 한다. 지식과 정보의 시대를 살아가는 아이들답게 실로 많은 것을 알고 있고 또 못하는 말도 없는 것 같다.

그러나 그렇게 활발해지고 또 말도 잘하는 것을 인정하면서도, 자세히 보면 제대로 자기의 생각이나 의견을 정확하고 섬세하게 표현하는 아이는 많지 않다. 무슨 일이든 못하는 것이 없는 것 같고 아는 것도 많은 것 같으면서도 웬지 나약해 보이고 덤벙대느라고 하고자 하는 말을 제대로 표현하지 못하는 아이가 의외로 많은 것이다. 표현력이라는 것은 사물의 형상이나 모양을 나타내 보이는 힘으로, 화가가 자신의 감정을 그림으로 나타내는 것도 표현의 힘이며, 작가가 자신의 생각을 수백 장의 소설로 구성하는 것도 결국 표현의 힘인 것이다. 그리하여 강렬한 표현, 모두가 공감하는 표현으로 모습을 드러낼 때 사람들을 감동시키고 설득하게 되는 것이다.

이와 같은 표현력은 하루 아침에 이루어지는 것은 아니다. 표현력을 기르기 위해 아이들과의 생활 속에서 다음과 같은 점을 염두에 두자.

생각이 풍부해지는 기회가 주어져야 한다.

대부분의 부모는 자신은 고생하더라도 아이들에게는 풍족하게 해주고 싶은 생각을 갖기 마련이다. 그러나 모든 것을 부모가 다 해주고 과잉보호를 하게 되면 그만큼 경험의 기회가 줄어든다. 아이들은 다소 부족한 상황에서 필요의 요구를 통해 문제의식을 갖게 되고 오히려 생각이 풍부해질 수 있다. 크레파스의 색깔이 부족할 때 두 색을 섞어서 쓸 생각을 하게 되고, 장난감이 없을 때 가지고 있는 재료를 사용하여 비슷한 장난감을 만들어 놀이를 즐기게 된다.

그렇다고 해서 전혀 놀잇감이나 재료를 주지 말라는 뜻은 아니다. 아무 것도 없는 곳에서 새로운 생각이 나오는 것도 아니지만 그렇다고 해서 넘치는 자원이 있어야만 가능한 것도 아니다. 생각할 수 있는 적절한 자극이 필요한 것이며 이러한 생각의 기회는 결국 표현을 위한 재료의 저장고와 같기 때문이다.

많이 보고 듣는 기회를 마련한다.

수퍼마켓, 백화점, 도서관, 박물관, 음악회, 전시회, 축제 등의 다양한 문화행사를 접하게 한다. 여행이나 방문, 탐방 등도 좋은 방법이다. 우선 표현을 하려면 생각이 풍부해져야 하며, 생각이 풍부해지려면 보고 듣는 것이 많아야 하기 때문이다. 맛있는 요리를 하려면 어떤 것을 만들어 먹을까를 늘 궁리해야 하고, 또 그러한 생각을 하려면 많은 재료를 보고 먹어보고 알고 있어야 할 것이다. 또 기본적인 음식을 할줄 알게 되면 새로운 요리의 개발도 가능하며, 모양을 내어 담고 식욕을 돋구도록 색이나 향을 가미할 줄 알게 되는 것과 같다.

어른들과의 다양한 접촉의 기회를 마련한다.

또래들과 어울릴 때는 말도 잘하지만 어른들 앞에서는 자신있게 생각을 말하거나 표현하지 못하는 경우가 흔히 있다. 친구와 같은 동년배의 횡적 관계뿐만 아니라 위아래와 같은 종적 관계도 중요하며, 사고의 범위를 넓히려면 이와 같은 수평적이고 수직적인 광범위한 시야가 필요하다. 우리가 흔히 사람에 대하여 이야기 할 때 "위아래를 알아보고, 저희들 사이에서도 인기가 있다"라는 말을 하는 경우를 생각해보면 잘 알 수 있다.

논리적으로 생각을 정리하는 연습이 필요하다.

아무리 많은 생각을 하고 보고 듣는 것이 많다고 하더라도, 문제는 자신의 생각을 합리적이고 논리적으로 잘 정리할 수 있어야 한다는 것이다. 아는 것을 장황하게 늘어놓는 것과 정확하게 표현하는 것은 다르기 때문이다. 이와 같은 정확한 표현훈련은 상당히 일찍부터 시작하는 것이 좋다. 특히 언어발달에 있어서 3세 정도가 되면 완전한 문장으로 말하도록 해야 한다. 즉 그 이전까지는 '엄마, 사탕 먹을래요', '엄마, 오줌누고 싶어요' 라는 뜻을 간단히 "엄마, 까까", "엄마, 쉬" 하고 마치 전보를 치는 것같이 표현한다.

3세경이 되면 주변의 말을 쉽게 모방하므로 아이가 징징거리며 흉내내는 말을 재미있어 하고 구경만 할 것이 아니라, "다시 똑바로 말해줄래?"하고 아이가 뜻을 정확하게 표현하도록 도와주어야 한다. 이때 반복이 많은 짧은 전래동요, 동시 등을 외우게 하는 것도 좋은 방법이다.

적절하고 다양한 단어를 사용하도록 지도한다.

수많은 단어 중에 가장 적절하고도 분명한 단어를 선택해서 사용하는 것은 자기의 생각이나 감정을 가장 명확하게 전달하는 표현력 신장에 으뜸가는 일일 것이다. "우유가 맛있다"라고 하면 뜨거운 우유, 시원한 우유, 컵에 따른 우유, 엄마와 같이 먹는 우유, 아저씨가 사주신 우유와 같이 용기나 상태, 상황을 세분화할 수 있다. 아이가 하는 말에 좀더 다양한 단어를 사용하도록 도와주면 보다 정교하고도 섬세한 표현이 가능해질 것이다. 표현의 태도와 습관은 표현하는 능력 못지않은 강력한 메시지를 담고 있는 것이다.

표현하는 태도에 주의를 기울인다.

표현하는 능력 못지않게 중요한 것이 바로 표현하는 태도와 습관이다. 우물우물 하거나 떼를 쓰듯 질질 끌며 말하는 것, 울면서 징징거리며 말하는 것, 바르지 못한 자세로 말하는 것을 지도하는 데 신경을 써야 한다. 3세경부터 아이들은 TV나 대중매체의 유행어나 속어를 뜻도 모르면서 배워서 쓰기 시작하므로 이때부터 표현의 억양, 태도에 유의해야 한다.

아이들마다 자신의 언어능력을 바탕으로 밖으로 표출하고 산출해내는 생산력은 다르기 마련이다. 무엇보다도 많이 보고, 듣고, 생각을 논리적으로 정리해보는 다양한 기회를 통하여 의사소통의 질도 달라지게 되는 것이다.

인생의 성공을 좌우하는 정서지수

"당신의 정서지수는 얼마인가?"

최근에 타임지 표지에 실린 제목이다. 지능지수(IQ)가 지능의 발달정도를 나타내는 수치이듯이, 정서지수(EQ)는 정서의 발달 정도를 나타내는 수치이다. 물론 인간의 지능이란 문제해결이나 인지적 반응을 나타내는 개개인의 전체적이고 총체적인 능력이다. 지능이란 말은 일상생활에서 우리가 흔히 사용하고 있지만, 전문적으로는 학자들 사이에서도 그 뜻과 구조에 대하여 완전한 견해의 일치를 보기는 어렵다.

지능이 학습할 수 있는 능력으로서 추상적인 사고의 힘을 강조하거나 또는 추상적인 것을 학습하여 구체적 사실과 관련시키는 능력이라는 입장만이 아니라, 유아의 생활 또는 주변의 전체 환경에 대한 정신적 적응능력이라고 생각하거나 유아가 합리적으로 생각하고 환경을 효과적으로 다루는 총체적 능력이라고 생각하는 주장은 항상 있어 왔다. 또한 인간의 정서와 감정이 중요하다는 연구는 오래 전부터 있어 왔으며 아직도 연구과제가 많이 남아 있으나, 정서에도 지수라는 단어를 사용한 것은 또 다른 의미가 있는 것으로써, 학계에 적지 않은 충격을 주고 있다.

과학자들은 네 살된 유아의 찹쌀떡에 대한 반응을 지켜보기 위하여 빈 방으로 아이들을 한 명씩 불러 말했다.

"너는 지금 이 찹쌀떡을 당장 먹을 수 있단다. 그렇지만 내가 돌아올 때까지 기다리면 한 개를 더 먹을 수 있단다." 그리고 그 자리를 떠났다.

어떤 아이들은 과학자들이 떠나자마자 찹쌀떡을 집었고, 어떤 아이들은 도중에 참는 것을 포기하기도 하고, 또 어떤 아이들은 눈을 감거나 머리를 숙이기도 하고 심지어는 노래를 부르거나 게임을 하려고 하거나 잠을 청하면서까지 억지로 참기도 하였다. 과학자들은 돌아와서 참고 기다린 아이들에게 찹쌀떡을 나누어 주었다.

세월이 지나 이 아이들이 고등학생이 되었을 때 과학자들은 눈에 띄는 관련성을 발견했다. 아이들의 부모와 교사들의 조사에 의하면 네 살때의 실험에서 찹쌀떡을 참았다가 먹은 아이가 바로 먹어버린 아이보다 고등학교 생활 전반을 통하여 더 잘 적응하였다는 것이다. 이들은 인기가 높을 뿐만 아니라 보다 대담하고 자신감이 있고 독립적인 청소년들이었으며, 대학 입학 예비시험에서도 좋은 결과를 보였다는 것이다. 반면에 기다리는 것을 일찍 포기한 아이들은 더 외로워하고 쉽게 좌절하고, 말을 잘 듣지 않는 경향을 보였으며, 도전이나 어려움을 잘 이겨내지 못하는 경향을 보였다.

인생의 성취와 성공을 예언하는 것은 지능지수가 아니라 바로 정서적 지능 즉, 정서지수이다. 이와 같은 정서적 지능은 약 5년

전 미국 예일 대학교의 심리학자들에 의하여 인간의 감정을 이해하는 데 있어 중요한 요인으로 대두되었으며, 정서의 조절이 인간의 삶을 향상시킨다는 것에 대한 논의가 활발해졌다. 그후 학자인 다니엘 골맨(Daniel Goleman)이 『정서적 지능(Emotional intelligence)』에서 본격적으로 이 문제를 논하고 있다. 결국 지능지수는 직업을 갖는 데 필요한 요소일 수 있으나, 정서지수는 평생 동안 그 직업을 효율적으로 관리하고 운영하여 삶의 질을 좌우한다는 것이다.

미국의 역대 대통령 중에 케네디 대통령과 레이건 대통령은 이와 같은 높은 정서적 지능을 보여준 대표적인 사람으로 평가된다. 두 대통령은 대담성과 솔직함을 겸비한 지도자적 능력을 발휘함으로써 자신의 참모들과 미국 국민의 사랑을 받았다. 아무도 두 대통령의 지적인 재능을 힐책한 사람은 없었을 것이다.

성급한 부모들은 유아기에 지능이 발달된다고 해서 읽고 쓰는 일에 주로 관심을 갖는 것은 물론, 잡지책에 실린 지능놀이를 시켜보고 만족스럽게 대답하지 못하면 조바심을 갖기도 한다. 3개월 뒤 영아들도 감정이입이 가능하며 어머니와의 관계를 형성하고 그러한 적응을 기초로 자신을 조절해가는 능력을 습득한다. 영아기의 유쾌감과 불쾌감의 미분화된 감정은 공포, 분노, 환희와 같이 보다 분화된 정서상태로 진행되며 서서히 안정되어 간다. 정서의 발달은 자신에 대한 긍정적인 생각으로부터 시작된다. 나아가 가까운 사람과의 정서적 교류를 통하여 다른 사람과의 관계도 원만해지며, 이렇게 해서 품성이 배양되는 것이다. 또래에게 수용되지 못하는 아이가 잘 수용되는 아이보다 실패할 확률이 몇 배나 더 많다는 연구결과는 이미 정설로 받아들여지고 있다.

 무엇을 가르칠 것인지를 생각하기 전에 아이 스스로가 자신의 가치를 인정하고 존중하여 자아에 대한 긍정적 생각을 갖도록 하는 것을 염두에 두어야 한다. 타임지에는 "정서적 지능은 인생의 성공을 가장 잘 예언할 수 있는 것이므로 그 의미를 되새겨 볼 필요가 있다"고 덧붙이고 있다. 앞으로 자녀의 인생에 있어서 지능지수 이상으로 중요한 것은 신뢰감, 자신감, 인내심, 안정감, 그리고 독립성과 같은 정서적 요인들일지도 모른다.

한마디 칭찬은 소중한 영양식

'밥보다 칭찬을 먹여야 한다'는 말이 있다. 그만큼 칭찬은 자녀가 성장하는 데 있어 긍정적으로 인정해주고 자신감과 신뢰감을 길러주는 데 필수적이기 때문이다. 그러나 매일의 일상생활에서 늘 칭찬만 할 수도 없는 일이며, 불가피하게 꾸중하는 일이 생기게 된다. 말 그대로 칭찬은 좋은 점을 일컬어 기리고 잘한다고 추켜주는 일이며, 꾸중은 잘못을 나무라고 훈계하는 일이다. 이 두 가지는 어떤 부모든지 자녀를 훈육하는 데 있어 당연하게 사용하는 기본원리이면서도 그렇게 쉽지만은 않은 것도 사실이다.

칭찬과 꾸중, 어떻게 효과적으로 할 수 있을까? 다음의 몇 가지를 짚어보기로 하자.

구체적이어야 한다.

칭찬을 받으면 의욕이 생기는 것은 어른이나 아이나 모두 마찬가지이다. 그러나 무조건 칭찬한다고 해서 효과가 있는 것은 아니다. 물건을 하나 손에 건네주듯이 버릇처럼 피상적인 말로 칭찬하는 것은 아이에게 잘 전달되지 않는다. 말에 마음이 실려 전달되려면 아이와 같은 눈높이에서 그 마음을 이해할 수 있어야 한다. 눈을 마주본다든지, 표정과 음성의 높낮이를 통하여 칭찬의 마음을 전달하는 가운데 교류가 일어나야 한다.

"너는 착한 사람이지? 말 잘 들어라, 착하지?" 하고 입버릇처럼 칭찬을 하면 무엇을 잘 들어야 하는지 알지 못한다. "엄마가 말씀하시면 '네' 하고 말을 잘 들어야 되는 거야" 하던 엄마가 "너 과자 살래, 사탕 살래?" 하고 아이에게 물었다. 아이는 "네" 하고 몇 번이나 대답했고 엄마는 웃음을 참지 못했다. 묻는 말에 대답을 해야지 '네'만 하면 어떻게 하느냐고 하겠지만, 알고 보면 엄마가 그렇게 하도록 만들었던 것이다.

꾸중을 할 때도 마찬가지이다. 장갑을 끼지 않고 주머니에 넣은 채 놀고 들어온 아이에게 엄마가 야단을 쳤다. "누가 장갑을 주머니에 넣으라고 했어? 다음부터 그러지 말아야 돼! 알았지?" 그 후 다른 일로 엄마와 시내를 가게 되었다. "장갑은 주머니에 잘 넣어야지!" 하는 엄마의 말에 "장갑을 주머니에 넣으면 혼난다고 했잖아요" 아이가 대답했다.

엄마는 어이가 없었으나, 문제는 구체적으로 공감하지 못한 가운데 건성으로 칭찬과 꾸중만을 했기 때문이다. "비디오 조금만 보고 손 씻어라"라고 했을 때 얼마만큼이 조금인지 모르는 아이가 몇 시간을 볼 수도 있는 것이며, "찻길에서 조심해야지, 그게 뭐니?"라고 습관처럼 야단을 하면 아이는 찻길에서 무엇을 조심해야 할지 정확히 알지 못하게 되기 때문이다.

공감적 이해에 초점을 둔다.

사람은 누구나 많은 일에 제약을 받는다. 그러나 감정이 상하면 더더욱 반발하게 되고 비약하게 된다. "만지지 말고 보는 것이라고 했잖아!" 하는 말보다는 "만지지 않고 잘 보고 있구나" 하는 것이, 또는 "엄마가 못 만지게 하니 화가 나지?" 하고 만지지 말아야 하는 이유를 설명해주면 더 효과적이다. "눈이 오는데 어떻게 나가? 옷이 다 젖고 감기드는데…" 하는 말보다는, "눈이 와서 나가 놀지 못하니 속상하지?"라고 먼저 마음을 쓰다듬는 것이 더욱 효과적이다.

이런 방법은 화나고 폭발하는 감정을 잠시 인정하고 알아주는 것으로써, 운전을 하다가 브레이크를 한 번 밟아주어 속력을 다소 줄이게 하는 것과 같다. 결국 못 만지고 나가 놀지 못하더라도 그런 심정을 공감하는 정서적 이해에 초점을 두는 것으로 아이의 분노가 다소 가벼워지게 되는 것이다.

있는 그대로를 인정한다.

칭찬을 하는 부모의 욕심은 내심 아이가 더 나아지기를 기대한다. 그렇다고 해서 지금 잘한 일에 지나치게 높은 목표를 내세우는 것은 아이에게 부담이 된다.

90점만 맞으면 바랄 것이 없겠다던 부모가 자랑스럽게 90점 맞은 시험지를 들고 온 아이에게 "충분히 100점 맞을 수 있었지 않니? 그래도 잘했다" 하는 경우를 생각해보자. 틀린 말은 아니지만 순서를 바꾸어서 있는 그대로 칭찬을 먼저 하고 그 후에 100점을 기대한다면 아이의 기운이 빠지지는 않을 것이다.

책상 위의 소지품을 가지런히 정돈한 아이가 자랑스럽게 내보일 때, "잘 했는데…, 책상만이 아니라 책장과 침대도 정돈하면 좋았을걸" 하면 신이 나지 않을 것이다. 평소에 부모는 "네 책상 하나도 정리를 못하니! 책상 좀 정리해라" 했을 것이다. 책상을 정리한 사실을 있는 그대로 인정해주고 나서 그 다음 것을 기대해도 늦지 않을 것이다. 더 높은 수준에 대한 욕심에 가려 칭찬을 해주면서도 인정받고 싶은 아이의 마음을 속시원하게 채워주지 못하게 된다. 아이는 한 줄기 시원한 소나기를 기대했는데 가랑비나 부슬부슬 내리다 만 기분일 것이다. 있는 대로 작은 것부터 인정해주자. 그러면 아이 스스로 뻗어나간다고 하지 않던가!

부모 자신의 규칙을 정한다.

부모 자신도 한계와 규칙이 없이 나중에 꾸중하기로 하고 넘어간다든지, 아이가 알아듣지도 못할 말을 투덜대는 것은 삼가야 한다. 사달라는 것을 다 사주면 안된다고 생각하면서도 사람이 많은 곳에서 심하게 떼를 쓰면 "이번만 사는 거야. 다음부터는 절대 안돼"를 입버릇처럼 말하고 스스로 규칙을 저버리면, 아이도 "이번만 살래요. 다음부터는 안 살게요" 하고 타성에 젖은 행동을 하게 된다.

특히 만 2, 3세는 발달과정상 제1반항기에 속하므로 떼쓰고 뻗대고 울부짖는 일이 자주 생겨난다. 부모의 말을 잘 따르면서도 한편 반대로 해보고 싶은 충동이 심하므로 부모는 자신의 원칙을 스스로 지키기가 쉽지 않다. 가장 자기중심적으로 생각하며 잘 어울리지도 못하면서도 친구를 필요로 하는 이 시기에, 특히 중요한 것은 역시 충동을 조절하는 일이다. 부모가 생각하는 한계와 규칙에 따라 일관성있게 해도 될 것과 안될 것을 분명히 가

려주어야 하므로, 꾸중을 하는 데도 분명하고 확실한 부모의 의
지가 필요하다.

꾸중을 줄이도록 한다.

칭찬을 많이 하는 것에도 마음을 쓰는 것처럼, 되도록이면 꾸
중하지 않고 끝내는 방법을 생각하는 것도 효과적이다. 정해놓은
한계와 규칙에 크게 어긋나는 것이 아니면 호기심을 다른 데로
돌리거나 험악한 분위기를 전환시키는 것도 중요하다. 예를 들어
좋지 않은 만화책만 보려는 경우 '건전한 소일거리'를 만들어 놀
게 해준다. 또 공공장소에서 뻗대고 울 때 부모도 함께 험악한
분위기가 되는 상황에서는 가만히 눈을 쳐다본다든지 구석으로
데리고 가서 끈기있게 타이르는 것도 필요하다. 또한 부모의 실
수를 인정하고 사과할 줄도 알게 되면 그만큼 많은 꾸중을 줄일
수 있다. "엄마가 늦었잖아?" 하고 투덜거릴 때 "그걸 못 기다리
니?" 하기보다는 "그래, 늦어서 미안하다"라고 인정하면 쓸데없
는 꾸중이 줄어들기 마련이다.

꾸중은 험악한 말을 한다는 것이 아니다. 그리고 감정을 상하
게 하는 것도 아니다. 또 신체적 체벌을 뜻하지도 않는다. 결과
적으로 부모나 자녀 중에 누군가가 이기는 실랑이나 논쟁도 결코
아닐 것이다. 무엇보다도 마음을 어루만져 서로에 대해 공감하고
잘잘못에 대하여 구체적으로 의사가 전달되면 칭찬과 꾸중도 훨
씬 효과가 있을 것이다.

아이 스스로 결정하는 기회 갖도록

옆집 아이는 학습지를 가지고 매일 공부하는데 우리 아이만 놀리는 것이 아닐까, 학습지를 시켜야 할까 하는 것은 많은 부모들이 한 번쯤 생각하게 되는 일이다. 또 학습지를 시키고 있어도 처음에는 열심히 하더니 나중에는 아무렇게나 해치우는 것을 보면 과연 제대로 하고 있는지 걱정이 되기도 한다.

다음의 경우는 학습지 또는 인쇄물에서 흔히 볼 수 있는 문제이다.

가장 흔한 방법은 "다음을 줄로 이어보세요"와 같은 방법으로, 짝지을 수 있는 것끼리 대응하여 줄로 잇고 나머지는 X표를 하여 차가 더 많다는 답에 이르는 것이다(그림 1). 그러나 이 같은 방법은 어린이가 수의 개념을 획득하는 것과는 다소 거리가 있다. 이미 수개념을 이해하고 있는 어린이에게는 연습의 기회가 될 수 있을지 모르지만, 나머지 차 한 대에 X표를 했다고 해서 양쪽의 수를 비교하는 능력이 습득된 것은 아니다. 오히려 주차할 수 있는 칸은 네 칸인데 차는 다섯 대인 것을 세어 어느 쪽이 많은지 알아보고 다 주차할 수 있는지 또는 주차할 수 없는 차가 한 대임을 아는 과정이 필요하다.

위와 같은 방법보다는 다음과 같이 양쪽이 같은지 다른지를 비교해보게 하는 것이 다소 나은 방법이다(그림 2). 이때 아이에게는 끝나는 길이가 같다고 해서 수가 같은 것이 아님을 아는 대응 능력이 동원된다.

"주차공간은 모두 몇 칸이지?"

"그래, 네 칸이면 몇대 주차할 수 있을까?"

"그래 맞았다. 모두 네 대를 주차할 수 있어. 정말 잘했다."

이와 같은 과정은 대응하여 줄로 잇는 것보다는 나은 방법이지만, 아이로 하여금 두 대상군의 수를 파악하고 한 대상군의 수가 많거나 적다는 것을 보여주는 것에 국한시킨다.

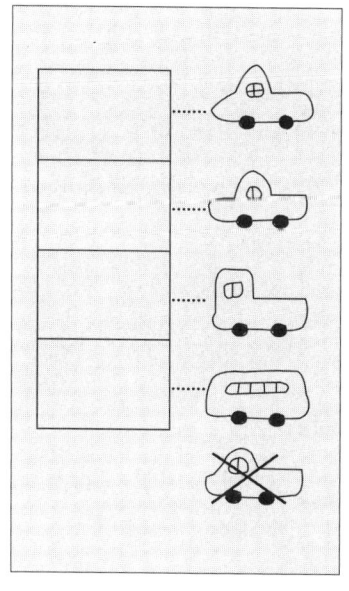

〈그림 1〉

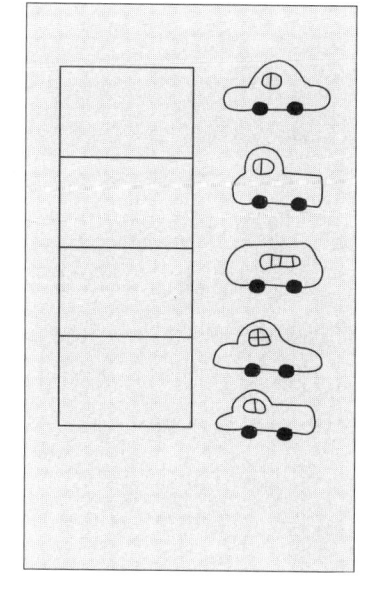

〈그림 2〉

구체물을 움직여 보도록 하자.

더 좋은 방법은 주차공간을 놓고 장난감 자동차로 직접 주차를 시켜보는 것이다. 그런데 아무리 실물 자동차를 동원하거나 직접 손을 움직여 활동해보았다고 하더라도 위와 같은 대화의 방법으로 이끌어 간다면 종이와 연필만 놓고 하는 것과 별 다를 것이 없다.

주차공간 즉, 네 칸보다 더 많은 자동차를 주어서 그 중에서 "주차할 수 있는 자동차 수만큼" 스스로 주차시켜보게 하는 일이 중요하다. 결국 이 방법은 엄마가 제공한 자동차 중에서 어린이 스스로가 얼마만큼의 자동차를 골라서 놓아야 될지를 "혼자서 결정해야" 하고, 나아가서 많은 자동차 중에서 한 대, 두 대, 세 대, 네 대 등을 집어내는 행동을 언제 멈추어야 하는지를 결정하는 과정이다. 꼭 자동차와 주차공간이 아니더라도 닭과 닭장 또는 강아지와 강아지집으로 바꾸어 제시할 수도 있고, 종이로 그려 오린 강아지나 글씨로 쓴 카드로 대용할 수도 있을 것이다.

학습지는 이미 개념이 습득된 아이에게 연습과 반복의 기회를 줄 수는 있으나 창의적으로 개념을 습득해가도록 하지는 않는다. 또한 잘못하면 유사한 문제의 유형에 따라 부모가 원하는 결과(해답)를 궁리하는 데 익숙해질 수 있다. 유아는 성인이 학습하는 방법과는 다른 방법으로 학습하므로 잘못된 방법으로 강요하면 재미없는 공부가 되어 압박감을 느끼게 된다.

부득이 학습지에 의존할 경우에는 아이에게 내맡기고 강요하기보다는, 가능한 한 보완점을 찾아 적용해보는 것이 좋다. 혼자서도 날마다 한 장씩 잘하고 있다는 것에 만족하지 말고 되도록 옆에서 관심을 가져주는 것이 좋다. 그렇다고 해서 열심히 가르치러는 욕심에 아이가 제대로 생각할 기회를 주지 않거나 다그치는 것은 삼가야 한다.

결과만큼 과정도 중요하다.

주차할 수 있는 공간과 차를 같이 세어 종이 위에 놓아보는 일이 중요한 것이 아니라 많은 수량 가운데서 알맞는 수량을 '혼자서 결정하는 기회'가 주어져야 한다. 우리 식구가 한 개씩 먹을 수 있는 사과가 모두 몇 개인지, 또 방에 있는 친구가 모두 하나씩 먹을 수 있는 쵸코파이의 수를 정답보다 더 많은 수 가운데에서 집어내어 바구니에 스스로 담아볼 수 있는 기회를 가져야 한다. 인형에게 입힐 옷을 줄로 긋기보다는, 직접 종이나 플라스틱 인형의 종이옷을 그리고 오려서 만들어보는 경험이 필요하며, 동그란 모양을 찾아서 ○표 하기 전에 집안에서 동그란 모양을 찾아보고 만져보는 활동이 이루어지는 것이 바람직하다. 즉, 사물을 조작해보는 것이 어린이 학습에 절대적으로 필요한 것임을 염두에 두어야 한다

결국 어린이가 만든 답의 결과에 치중하여 채점하려 하기보다는 활동과정 자체에 관심을 보여야 한다. "왜 그렇게 생각했니?", "또 다른 방법은 없을까?", "어떻게 그렇게 좋은 생각을 했니?" 이런 방법으로 유도하면 사고가 보다 풍부하고 깊어질 수 있을 것이며, 부득이 사용하게 되는 학습지의 결점도 보완하게 될 것이다.

숨은 뜻을 헤아리는 대답

아이들은 하루에도 수없이 많은 질문을 한다. 그 질문에 어떻게 대답하면 좋을까? 성의있는 한 마디, 아이들의 마음을 파고드는 말, 사고를 확장하는 데 동기가 되는 대답이 때때로 아이의 장래를 결정하는 중요한 계기가 될 수도 있을 것이다. 다음의 몇 가지를 염두에 두자.

묻는 말을 정확히 파악하는 여유를 갖는다.

때때로 우리는 아이들의 질문에 건성으로 대답하는 경우가 생긴다. 또 성인의 관점에서 잘못 이해하고 대답을 급하게 해버리는 경우도 적지 않다. '독도는 우리 땅'이라는 얘기를 듣던 아이가 "도독이 뭐예요?"라고 묻는다. 아이들은 글자의 모양변별이 정확히 이루어지지 않은 경우에 '선생님'과 '생선님'을, 언니 이름 '성아'와 물고기 '상어'를 혼동할 때가 있으므로 '도독'이라고 할 수 있다.

"응, 도둑은 남의 물건을 몰래 가져가는 사람이지. 나쁜 일이야. 절대 하면 안돼."이렇게 대답하고 만다면 아이는 시큰둥할 것이다. "왜 홍시가 나요?" 하고 물으면 때가 마침 가을이라 잘 익은 감나무에 대한 얘기를 실컷 해줄 수도 있겠으나, 아이는 사실 '홍수가 난 마을'에 대한 동화책을 읽은 뒤일 수도 있을 것이다.

"요리는 잘 깨져요?"

"아니, 요리는 맛있지, 왜 잘 깨져? 떨어뜨리면 접시가 깨진단다"라고 덧붙여 친절히 설명할 수도 있다. 아이는 사실 '유리'라는 글자를 보고 그렇게 발음했던 것인데.

묻는 말의 숨은 뜻을 이해한다.

묻는 말의 정확한 뜻을 아는 것도 필요하지만 심리적인 의도나 전체적 의미를 파악하는 것도 필요하다. 아이가 "지금이 봄이에요, 여름이에요?" 하고 묻는다. 사계절의 이름은 서너 살때에도 충분히 알지만 계절의 변화는 만 여섯 살이 되어도 그리 쉽지 않은 개념이다. 따라서 봄인가 여름인가에 대한 관심이라기보다는 '여름이 되면 레이스가 달린 소매 짧은 원피스를 입을 수 있다'는 것 때문이기도 하다.

"엄마, 힘들지요?" 한 아이가 말했다. 가뜩이나 집안일로 힘든 엄마는 아이가 기특하기 짝이 없었다. 감격할 수도 있을 것이다. 그러나 자세히 아이와 이야기를 나누다 보면 지난 주에 "너무 힘들어서 오늘은 짜장면을 시켜먹자"고 한 일을 떠올리게 되고, 아이의 짜장면 먹고 싶은 간절한 마음에 적절한 답을 주게 된다. 만일 "그럼! 엄마가 얼마나 힘든 줄 아니?" 하고 엄마의 힘든 일에 대해 길게 친절히 설명하는 데 급급했다면 아이의 마음을 적절한 말로 쓰다듬어줄 수 없게 되는 것이다.

"해가 어떻게 떠 있어?" 이런 질문은 과학적인 지식에 근거한 답을 원하기보다는, 친근감과 무서움을 느끼거나 관심을 끌고자 할 때, 안정을 찾고 싶어할 때도 할 수 있는 것이다. "TV에 아저씨가 어떻게 들어가 있어?" 하는 질문도 전파의 원리에 대한 답을 요구하지 않는다. 이때는 잘못된 답보다는 오히려 신기하고 궁금해하는 마음을 격려해줄 필요가 있다.

아이의 말을 인정한다.

즉, 아이가 하는 말에 맞장구를 치며 편이 되어주는 것이다. 물론 아무 것이나 다 편이 되어주는 것은 아니지만 매 순간마다 교육적으로 가르치려는 나머지 바람직한 행동만을 강조하는 것은 설득력이 없게 된다.

"정식이가 때렸어요! 때리면 나쁘지요?"

"그럼, 친구를 때리면 안 되지. 친구끼리는 사이좋게 놀아야 해."

위와 같은 대답보다는 "그래! 정식이가 때려서 속상했겠구나! 그래서 어떻게 했니?" 하고 대답하고 물었을 때 좀더 솔직한 생각이 나오게 된다. 먼저 속상한 마음을 인정하는 엄마의 대답은 엄마가 내 편이라는 생각과 함께 그때의 감정이 밖으로 자연스럽게 흘러나와 정화되는 기회를 갖게 되는 것이다. 그랬을 때 친구를 때리면 너처럼 속상하다는 말도, 친구끼리 사이좋게 지내야 한다는 말도 보다 설득력이 있게 되는 것이다.

구체적이고 성의있는 대답을 해준다.

산불이 났다는 얘기가 TV와 신문지상에 오르내린다.

"왜 불이 났어요?"

"조심하지 않아서."

이와 같은 대답은 아이에게 만족을 주지 못한다. "사람들이 불을 질렀어", "아저씨 아줌마들이 모르고…"라고 말하기보다는, "아저씨가 담배를 피우고 꽁초를 그냥 버려서"라거나 "불씨를 끝까지 끄지 않고 버려서"와 같이 구체적인 사실이 아이의 생각을 연결하는 데 도움이 될 것이다.

때때로 부모의 지식을 나열하거나 궁한 대답을 찾기보다는 "너는 왜 그렇다고 생각하니?" 하고 아이의 질문을 되받아서 묻는 것도 효과적이다. "왜 오빠보다 나를 늦게 태어나게 했어요?" 아이들의 흔한 질문이다. "엄마 마음대로 하는 게 아니야" 하는 대답보다는 이렇게 곤란한 대답을 때때로 아이에게 물어본다. "너는 왜 그렇게 된 것 같아?"라고 물으면 "오빠가 먼저 나가고 싶다고 더 크게 소리를 질렀기 때문이야"라는 아이의 대답을 들을 수도 있게 될 것이다.

어느 심리학지의 다섯 살짜리 아들이 차 안에서 물었다.

"우리가 계속 차를 타고 달리면 땅끝에 떨어지나요?"

이럴 때 어떻게 대답할 수 있을까? 우리는 지구는 둥글어서 자꾸자꾸 가도 제자리에 돌아온다는 노랫말을 생각할 수도 있다. 또한 중학교 교과서에 나오는, 멀리 수평선 너머로부터 항구로 들어오는 배가 위에서부터 점점 보이게 되는 모습이나 둥근 지구 모형을 생각할 수도 있을 것이다. 그렇게 되면 지구가 둥글다는 사실과 아무리 달려나가도 떨어지지 않는다는 것을 설명하기에 바쁠 것이다. 그러나 다섯 살의 아이에게 지구가 둥글다는 것을 이해시키는 것은 어렵기 때문에 아빠는 "우리가 땅끝에 가면 바

다가 있을 거야, 그리고 그 바다를 건너가면 또 땅에 도착할 거
야" 하고 대답했다고 한다. 아이는 자기의 생각을 확장할 수 있
었고, 부자의 대화는 다양하게 전개되었을 것임을 짐작할 수 있
다.

생활 속에서 학습자원 발굴하는 즐거움

　"나는 50까지 셀 수 있어요" 하며 줄줄 숫자를 외거나 "1 더하기 1은 2, 2 더하기 1은 3…" 하면서 덧셈 뺄셈을 척척 하는 것, 또는 "50까지 천천히 써 봐라"와 같은 주문은 수를 가르치고 배우는 부모와 아이들에게서 흔히 볼 수 있는 방법이다.

　숫자를 기계적으로 암기하거나 계산을 척척 한다고 해서 아이들의 수개념이 발달되었다고 볼 수는 없다. 수개념은 구체적으로 수를 세어보는 경험을 통하여 상징적 개념으로 연결되어 점차로 추상적 단계를 이해하게 됨으로써 형성되어 간다. 자동차를 하나씩 세어봄으로써 일곱 대의 자동차가 숫자 7과 같다는 상징적 개념을 거쳐 7이라는 숫자만 보고도 그 양을 바로 파악하는 능력으로 발전한다.

　수학교육은 숫자를 읽고 수의 이름을 아는 것보다는 수체계와 개념을 이해하며 수를 활용함으로써 자료의 수집과 분석에 이르기까지 광범위한 논리수학적 사고를 기르는 데 그 목적이 있다. 다음과 같은 놀이를 통하여 아이들의 수학공부에 접근해 보자.

　첫째, 물건의 차이점과 공통점을 찾아본다.

"자동차 네 대와 빨대 세 개는 같은 수인가?"

"어떤 것이 더 많으며 모양은 어떤가?"

이렇게 그 특성과 관계를 이해하게 되는 것은 비교능력의 기초가 된다.

둘째, 같은 색과 모양으로 짝지어본다.

빨래를 갤 때 색깔별로 바구니에 담아본다. 크기가 큰 어른 옷과 크기가 작은 아이들 옷으로 또 윗옷과 아래옷으로 같은 모양끼리 구분해본다. 색상과 모양을 기준으로 물건을 나누어보는 것은 집합과 분류능력의 기초가 된다.

셋째, 물건을 큰 것이나 작은 것부터 순서대로 놓아본다.

큰 나무토막부터 작은 나무토막에 이르기까지 차례로 줄을 세워본다. 큰 책부터 작은 책에 이르기까지, 또는 작은 신발부터 큰 신발에 이르기까지, 큰 참외부터 작은 참외에 이르기까지 줄지어 순서대로 놓아보는 경험은 서열화 개념의 기초가 된다.

넷째, 물건의 양을 비교한다.

"자두 아홉 개와 자두 열 개는 어떤 것이 더 많은가?" 다섯 개는 자두 두 개와 세 개를 합해도 되며 공기알 네 개와 한 개를 합해도 같은 수임을 다루어본다. 또 연필 한 자루에다 세 자루를 합한 것은 동화책 한 권에다 두 권을 합한 것보다 많은 수임을 알아본다. 이와 같은 과정은 "$2+3=4+1$, $1+3>1+2$"를 경험함으로써 등가개념의 기초가 된다.

다섯째, 물건을 줄지어 쌓아보게 한다.

"벽돌 두 개씩 네 줄로 탑을 쌓아보자", "네 개씩 다섯 줄로 벽을 쌓아보자", "세 개씩 열 줄로 궁전을 더 튼튼하고 높게 지어보자." 이와 같은 경험은 "$2\times4=8$, $4\times5=20$"과 같이 모두 여덟

개나 스무 개가 필요하다는 과정을 거침으로써 곱셈과 분수개념의 기초가 된다.

여섯째, 사물을 반복하여 배열해보게 한다.

노란 구슬과 빨간 구슬을 번갈아가며 목걸이를 꿰어보는 일, 창문에 동그라미-세모-네모 무늬를 번갈아가며 붙여보는 일, 긴 나무칼에 별모양-꽃모양-다이아몬드 모양을 번갈아 붙여 장식해보는 일은 ○△□○△□나 ☆♣◇ 또는 ☆☆♣♣◇◇와 같이 시각적 · 청각적 · 운동적 패턴활동을 경험시킴으로써 논리적 사고와 창의성의 기초가 된다.

일곱째, 물건의 길이를 재어보게 한다.

길이는 반드시 막대자나 줄자로만 재는 것은 아니다. "책상길이만큼 벽돌을 놓아보자", "네 키만큼 책을 쌓아보자"와 같이 몇 개나 몇 권이 필요한가 알아보는 놀이, 또는 줄이나 색테이프로 여러 가지 물건의 길이를 재어보는 경험은 측정개념의 기초가 된다.

여덟째, 물건의 옆과 가운데의 위치를 알게 한다.

"사과 옆에 있는 것은 무엇이지?", "엄마 앞에는 누가 있니?" 책상 위에는 TV가 있으며…, ~앞에, ~뒤에, ~옆에 등의 다양한 위치를 알아보는 게임은 사물의 근접성, 분리, 개폐를 경험함으로써 위상수학의 기초개념을 터득할 뿐만 아니라 기하학 개념의 기초가 된다.

아홉째, 사물에 소속된 개수를 군으로 비교한다.

할아버지가 잡수시고 난 접시의 수박씨와 할머니, 아버지, 어머니의 씨앗 수를 비교해본다. 종이의 가로줄에 식구 이름을 나란히 쓰고 해당 부분에 수박씨의 수대로 각 식구 위에 세로줄로 올려놓아 본다. 물론 동그라미나 스티커로 대체시켜도 좋을 것이다. 등산을 한 후에 정자에 걸터앉아서 서로 약수를 몇 모금 마셨는지와 같이 각자의 상태를 한꺼번에 알 수 있도록 비교해보는 경험은 그래프 개념의 기초가 된다.

열 손가락을 동원하여 세어보거나 책상에 앉아서 종이와 연필로 하는 따분한 학습이 아니라 생활 속에 펼쳐지는 여러 가지 경험이 바로 무궁무진한 학습의 자원이 될 수 있을 때, 아이는 신비하고도 재미있는 수학의 세계를 드나들게 될 것이다

우리는 통하지 않는 부모인가?

자녀와 대화를 원하지 않는 부모는 아마도 없을 것이다. 그런데도 많은 아이들은 연령이 높아갈수록 부모를 답답한 존재로 생각하며, 부모는 아이들이 왜 이 모양인지 모르겠다고 생각하게 된다. 더구나 현대의 생활이 부모도 아이들도 바쁘게 만들고 있으며 TV와 비디오, 컴퓨터 앞에서 많은 시간을 보내다 보니 상투적이고 의미없는 대화만을 주고받는 일이 늘어나고 있다. 부모의 입장에서는 '아무리 말을 해도 듣지 않는 아이들'과 자녀의 입장에서는 '말해봐야 소용없는 부모'가 되어 이른바 대화의 단절은 점점 심각해진다.

부모와 자녀의 인간관계를 개선하는 데 있어서 가장 중요한 것이 대화임을 강조한 에릭 번(Eric Berne) 박사는 인간에게 각각 부모, 성인, 유아의 세 가지 심리적 자아상태가 있음을 설명한 바 있다. 즉 부모와 같이 누군가를 지도하고 보호하려는 자아, 성숙한 어른과 같은 객관적 자아, 어린아이와 같이 보호를 받으려는 자아가 있다. 대화를 하는 당사자끼리 서로의 자아를 만족시켜줄 때 교류가 잘 일어나며, 그렇지 못할 때는 어긋난 방향으로 진행되어 대화가 단절된다는 것이다.

예를 들어 부인이 남편의 보호를 받고 싶은 마음에서 유아와 같은 자아상태로 "날씨가 춥지요?" 하고 남편의 '부모다운 자아'를 향하여 대화를 꺼냈을 때를 생각해보자. 남편이 이때 부모와 같은 자아상태로 유아와 같은 부인의 자아를 향하여 "창문을 닫아줄까?"라고 대답했다면 서로의 자아를 만족시켜주게 될 것이다. 그런데 만일 남편이 "다 큰 어른이 춥긴 뭐가 추워?" 혹은 "오늘은 추운 날이 아니야" 하고 보호받으려는 자아를 공격하게 되면 만족스러운 교류가 일어날 리 없다.

아이들과의 충분한 교류가 일어나는 대화를 위하여 다음의 몇 가지를 염두에 두자.

듣는 태도에 유의한다.

유치원이나 학교에서 돌아온 아이가 하는 말에는 건성으로 듣지 말고 반드시 눈을 쳐다보고 반응해주어 진실로 듣고 있음을 보여준다. 싱크대에서 나물을 다듬거나 가스렌지 앞에서 일을 하면서 "말해보렴, 다 듣고 있으니까…." 하는 식의 태도는 말하고 싶은 마음을 닫게 한다. 아주 어린 아이들은 "있잖아요…" 하다가 답답하면 엄마의 턱을 돌리기도 한다. 실제로 아이를 쳐다보고 반응하는 시간은 단지 몇 초밖에 걸리지 않는데도, 부모들은 야단을 칠 때는 똑바로 쳐다보면서도 평상시에는 상당히 인색한 편이다.

시시한 것으로부터 시작한다.

가끔 주제를 정해놓고 일주일에 한 번씩 집중적으로 대화를 한다는 부모를 보게 된다. 물론 그것도 가능하겠지만 어느 정도 부모와 자녀 사이에 교류가 원활하게 유지될 때 할 수 있는 일이다. 누군가 부모 자신에게 "고민이 있어요?"라거나 시간을 정해놓고 "할 말이 있으면 뭐든지 해보세요"라고 한다 해서 대답이 쉽게 나오는 것은 아니다. 대화는 입는 옷, 신발, 먹는 음식, 이부자리 등 의식주에 관련된 일, 동네나 친구에 관련된 평범한 생활속의 이야기로부터 출발한다.

부모의 감정을 솔직히 전달한다.

놀러 갔다가 늦게까지 소식이 없는 아이를 애타게 기다린 부모는 돌아온 아이를 보면 우선 안심이 된다. 이때 반가운 마음을 전한 후에 주의를 주어도 늦지 않을텐데. 그 마음은 생략하고 말도 안하고 어디 갔다 오느냐는 격한 감정만이 전달되기 쉽다. 부모란 야단치고 화만 내는 위협적인 존재이기보다는 나 때문에 걱정을 한다는 마음이 전달되도록 해야 한다.

조그만 잘못을 크게 확대하지 않는다.

아이가 물건을 부수었거나 떨어뜨렸을 때 부모는 자주 실수를 하는 아이가 조심하기를 바라는 마음에서 주의를 주기 마련이다. 그런데 주의를 주는 정도에서 끝나면 다행이지만 "너는 항상 그 모양이더라. 지난번에는 ○○을 깨뜨리고, 어제는 또 ○○을…" 하면서 과거의 잘못을 들추어 내거나, "너는 물건 깨는 데는 선수더라" 하는 식의 말은 아이로 하여금 뜨거운 눈물이 솟구치게 만든다. "안 다쳤니?"라고는 못할망정 카펫이 젖은 것에 지나치게 마음이 쓰여 유리컵 하나 깬 것을 놓고 너에게는 좋은 것이 소용이 없다는 식의 과일반화는 사기를 저하시킬 뿐만 아니라, 아이로서는 분하고 억울하기 짝이 없는 노릇이다.

훈계하는 말을 줄이려는 노력이 필요하다.

듣는다는 일은 가장 쉬운 일 같으면서도 사실 가장 어려운 일이기도 하다. 아이들이 잘해주기를 바라는 욕심 때문에 간결한 말을 하기보다는 비평적이고 장황한 잔소리가 되기 쉽기 때문이다. "유치원 버스가 곧 오겠다" 또는 "유치원에(학교에) 늦겠다" 고만 해도 충분히 알아듣는 아이에게 "옷 입고, 가방 챙기고, 빨리 해야지, 매일 그렇게 꾸물대면 어떻게 하니?", "다른 애들은 다 일찍 오는데, 너 정말 그럴래? 큰일이다, 큰일" 하는 식으로 위협하고 비교하고 비웃는 식의 방법을 동원하기보다는 잔소리를 가급적 줄임으로써 들어줄 수 있는 부모가 될 수 있다.

공감하는 부모가 된다.

아이로 하여금 솔직하게 말하면 야단맞는다는 생각을 갖게 하면 안된다. 아이가 "그림 그리기 싫어"라고 말할 때 "무슨 소리야?" 하고 반응한다면 아이로서는 말할 필요가 없을 것이다. 부인이 만일 "밥하기 싫어"라고 했을 때 남편이 "별소리를 다 들어보겠네"라고 했다면 기분이 어떨까? 이때 만일 남편이 "힘들지?"라고 얘기한다면 부인은 그렇다고 수긍하면서도 부엌으로 향할 것이다. 아이들도 마찬가지이다. 그렇다고 해서 아이의 요구사항을 무조건 다 들어주라는 것이 아니라 "오늘은 그림 그리기가 싫은가 보구나" 하고 아이의 감정을 진실로 느껴주라는 것이다. 아이는 나의 마음을 알아주는 대상이 있다고 느낌으로써, 또 자신이 던진 말의 메아리를 받아들임으로써 교류가 빈번하게 될 것이다.

나는 통하지 않는 답답한 부모인가? 아니면 아이의 가슴에서 분출되는 희노애락을 진실로 듣고 함께 느껴줄 수 있는가? 시시한 얘기일지라도 아이가 얘기할 수 있는 대상이 되어 열심히 들어주는 부모가 될 때 바로 대화는 시작될 수 있다.

명절과 기념식을 역사 배우는 기회로

미국에서 한 학교의 창립개교식에 참석하게 되었다. 그 학교는 우리나라의 유치원에서부터 중학교 2학년 정도까지(K-8)를 가르치는 사립학교였는데 그날 처음으로 학교 문을 열게 되어 창립개교식을 갖게 된 것이다. 미국의 많은 학교를 돌아보았지만 이렇게 건물을 짓고 학생을 모집하여 이제 막 개교하게 되는 학교의 기념식을 만나기는 쉽지 않았으므로 상당히 주의를 기울여서보게 되었다.

어떻게 생각하면 애국가와 교가를 부르고 기념테이프를 자르고 박수치는 것이 순서대로 연상되는 기념식이었지만, 그 기념식은 상당히 많은 준비를 한 것이었고 딱딱한 행사를 연상시키기보다는 축제 분위기를 느낄 수 있어서 참으로 인상적이었다. 맨 먼저 밴드의 행진에 맞추어 국기를 든 기수가 등장하고 국기에 대한 맹세를 포함하여 간단한 국민의례가 진행된 것은 별 다를 바가 없었다.

국기에 대한 경례가 끝난 후 지금의 미국 국기가 있기까지 변천되어 온 국기의 역사를 하나씩 소개하기 시작했다. 한 사람이

초창기 최초의 국기부터 독립이후 미국의 50개 주가 생기는 동안 별의 수가 늘어나게 되는 과정을 설명할 때마다 실제로 기를 든 기수가 단상의 오른쪽에서 나와 한 명씩 아이들과 학부모 앞에 서 있다가 무대의 왼쪽으로 행진하여 나란히 정렬해 있었다. 국기의 역사를 한 눈에 보도록 하는 것은 아이들의 관심을 끌기에 충분했고 학부모나 다른 참석자들에게도 의미있는 순서였다.

현재까지의 국기에 대한 소개가 끝나자 간단한 연주가 있었다. '국가는 영원하다' 라는 상징적 내용을 담은 조국찬가 같은 음악이었다. 교장선생님 말씀이 이어지고 주정부지사의 축사가 낭독되었다. 단상에 있는 내빈 소개가 있었던 것도 평범한 일이었다. 올림픽이나 기타 미국의 행사에서 흔히 볼 수 있는 노래 순서에는 학부모 가운데 한 가수가 나와 조국에 관련된 내용의 노래를 불러 많은 박수를 받았다. 그 가수의 노래 순서때에도 따가운 볕에서 떠들던 아이들이 모두 조용히 주목했다.

뒤에 이어진 상원의원이나 시장의 메시지도 우리들 각계 인사의 격려사와 흡사했다. 다음의 순서 역시 독특했다. 이 날의 가장 특별한 순서이기도 했는데, 아폴로 16호에 탑승하여 달에 갔다온 찰스 듀크(Charles Duke) 장군이 소개되었다. 아이들에게는 흥분된 시간이 아닐 수 없었다. 아침에 식이 시작되기 전에 교실과 학교건물을 돌아보았을 때 모든 교실과 벽이 우주에 관한 것으로 장식되어 있었던 것도 같은 맥락이다. 유치원 교실에는 달과 별을 그려 붙여놓았고, 상급 학년으로 올라갈수록 우주선이나 위성을 수준에 따라 그리거나 오려 붙이기도 하고 공동작업을 해놓아 우주에 대한 동기를 불러일으키게 하였다.

상군의 연설은 견국 달 정복이라는 인간의 꿈을 아이들에게 기억시켜주고자 한 것이었다. 국기의 변천사를 보여줌으로써 '역사와 꿈'을 연결하고, 무한히 뻗어갈 수 있는 미래를 제시함으로써 희망찬 개교식을 여는 아이들과 학부모의 마음을 감동시키기에 충분했다. 그리고 달나라에 간 것은 몇 사람의 우주인에 불과하지만 그 꿈이 실현된 것은 위대한 팀스피리트(협동정신)였음을 강조하였다.

마지막으로, 테이프를 자르기 전에 교장 선생님은 한 사람이 세상을 다르게 변화시킬 수 있으며 한 사람이 많은 사람의 인생에 영향을 미칠 수 있음을 강조하였다. 우리로 하여금 바로 그 한 사람이 우리 자신일 수 있다고 말하는 듯했다.

식이 끝나고 필름을 보면서 유치원 아이들은 달에 가서 무엇을 먹고 입었는지 질문을 하며 나름대로의 관심을 표시했다. 또 한편에서는 달에서 걸을 때의 기분을 느낄 수 있게 잔디밭에 비닐 쿠션으로 된 방에서 뛰어보도록 놀이기구를 설치해 놓기도 하였다.

물론 유치원 아이들은 국기의 모습과 장군의 얼굴이나 놀이기구에서 뛰어놀았던 것만 기억할지도 모른다. 좀더 큰 아이들은 과학자가 되겠다는 생각을 했을지도 모르며, 빨리 끝나고 장군의 사인을 받겠다는 생각으로 가득 차 있었을지도 모른다.

우리는 일상적인 생활 이외에도 여러 가지 명절이나 기념일을 맞이하고 또 특별한 행사를 하게 된다. 가정이나 사회가 명절을 지키고 기념일을 기억하며 나름대로 행사를 하게 되는 데는 어떤 의미가 있는가? 때때로 입학식, 졸업식, 개관식 등의 기념행사를 무심히 넘기게 되고, 형식에 지나지 않아 아이들을 지루하게 만들며 쓸데없이 세워놓고 고생을 시킨다는 생각을 하기도 한다.

그러나 명절이나 기념일에 맞는 행사를 함으로써 사람은 일상적인 일에서 벗어나 자신을 되돌아보게 된다. 살아가는 일을 몇 개의 단락으로 구분함으로써 그 시작과 매듭을 짓게 되고 이는 정신건강을 돕는 일이기도 하다. 명절과 기념일을 통하여 멀리 간 사람이 돌아오기도 하고 서로 소식을 전하며 유대와 결속도 다지게 된다. 뿐만 아니라 음식과 놀이와 생각을 함께 나눔으로써 먼 과거 그들의 생활을 지금의 경험으로 연결하고, 이렇게 해서 함께 지내온 시간과 미래의 시간에 대한 대화도 가능해지므로 결국 문화를 전수하는 매개체로서의 역할을 수행하게 된다.

행사의 의미를 알려주고 행사 프로그램을 통하여 즐기며 놀고 이야기할 수 있는 기회를 제공함으로써 아이들은 풍부한 생활경험을 하게 되고 공동체의식을 갖게 된다. 단순한 형식이 아니라 나와 타인에 대한 경험과 조망을 통하여 편견을 줄여가며 다양한 문화를 이해하고 수용하게 되는 소중한 교육의 장이기도 하다.

다리 다친 정식이가 자리를 양보해야 하나?

"정식이는 다친 다리를 질질 끌며 지하철에 올라 탔다. 할머니 한 분이 뒤따라 올라오신 후 앉을 자리를 찾으시다가 정식이 앞으로 오셨다. 정식이는 어떻게 하면 좋을까?"

이와 같은 상황이나 장면에 대하여 아이들과 이야기를 나누어 보면 그 반응은 다양하다. "정식이가 자리를 양보해야 돼요", "정식이는 양보하면 안돼요" 등의 엇갈린 반응이 나올 수 있다. 여기까지만 대답을 듣고 엄마가 황급히 "양보해야 착한 사람이지!" 또는 "얼마나 다리를 다쳤느냐에 따라 다를 수 있지"라고 가르치는 데 급급하다면 도덕성을 기르는 데 큰 도움이 되지 못한다.

왜 그렇게 생각하는지 이야기를 나누어보면 나이가 같다고 해서 반드시 같은 도덕발달의 단계에 있는 것은 아님을 알게 된다. 아이들의 대답은 다음의 다섯 가지로 구분해 볼 수 있다.

① 자리를 양보해야 한다. 자리를 양보하지 않으면 귀신이 잡아간다. 엄마가 나쁜 일하면 지옥에 간다고 했다. 아빠나

선생님에게 혼난다.

② 자리를 양보할 필요가 없다. 자리는 먼저 맡은 사람이 주인이고 정식이는 다리를 다쳤다.

③ 자리를 양보할 것인지 말 것인지는 정식이 마음에 달렸다.

④ 자리를 양보해야 한다. 할머니는 허리가 굽은 노인이고 서서는 오래갈 수가 없다. 또 다리가 아파서 넘어지실 것이다.

⑤ 자리를 양보해야 한다. 노인에게 자리를 내드리는 것이 마음이 편하다. 또 자리를 양보하지 않으면 종일 마음에 걸린다는 등의 대답.

우선 ①과 같은 대답은 콜버그(Kohlberg)라는 학자의 기준에 의하면 유아기에서 아동기의 도덕성 발달수준으로 보아 1단계 정도이며, ②나 ③은 2단계의 수준이고, ④와 ⑤는 3단계 정도의 수준에 해당한다. ①과 같은 대답은 벌이 두려워서 또는 상을 받기 위해 복종하는 단계이며, ②나 ③과 같은 대답은 상당히 상대적인 것으로서 적어도 타당한 이유를 찾아가는 과정이다. "아이들이 자리를 양보할 필요가 없어요" 하고 대답한다면 "그게 무슨 소리야, 착한 사람이~" 하면서 ①의 대답보다 못하다고 생각할 수가 있다. 그러나 자신의 마음에 달렸다는 뜻의 대답이 관심이나 성의가 없어보이기도 하지만, 사실은 절대적 기준에 의해서가 아니라 자율적 의지로 넘어가는 중간과정으로서 자신의 생각에 따라 판단을 내릴 줄 알게 된 것이다. ④와 ⑤의 대답은 자리를 양보해야 하는 이유가 처벌이 두렵거나 권위에 복종하는 것에서 벗어나 다른 사람의 기내와 인정 또는 선을 지향하는 의지에 의

한 것이다. 도덕성이란 현상을 인식하고 규범을 지키려는 것으로, 자신이나 다른 사람의 행동에 대하여 선악을 구별할 뿐만 아니라 이러한 선행과 정의를 실천하려는 심성이기 때문이다.

도덕성의 성장은 다른 사람에 의한 기준으로부터 스스로에 의한 기준의 방향으로 진행된다. 이렇게 해서 결국 성인으로 성장하는 동안 법이나 질서, 보편적인 원리를 지향하는 수준으로까지 발전하게 된다. 도덕교육에 있어서 아이들이 타율적인 특성으로부터 보다 자율적인 특성으로 옮겨갈 수 있도록 도와줄 수 있는 방법은 무엇인가? 적어도 다음의 네 가지를 염두에 두자.

첫째, 대답을 결과로만 평가할 것이 아니라 왜 그렇게 생각하는지 이야기해본다. 도덕성이란 행동의 동기와 자율성이 강조되는 개념이기 때문이다. 앞의 예 ①, ②, ③의 대답은 얼핏 들으면 ①의 대답이 제일 착한 아이인듯 여겨진다. 그러나 ②와 ③의 대답이 더 높은 수준의 판단일 수 있다. 다만 자기 판단이 옳다고 여기는 좁은 시야가 문제되므로 나와 다를 수도 있다는 시각을 갖게 할 필요가 있다.

둘째, 다른 사람의 관점을 조망하게 한다. 그 결과가 바람직하든 그렇지 않든 간에 자신이 스스로 판단할 수 있는 능력은 중요하다. 이 판단이 편협되지 않도록 다른 사람을 알고 이해하게 할 필요가 있는 것이다. 다리 아픈 할머니의 입장에서, 기운이 없는 할머니가 서서 가야 하는 입장에서 생각하도록 하면 다른 사람이 원하는 것에 대하여 민감하게 감정이 전달된다. 이와 같은 역할 이행능력은 결국 아이들을 자기중심적인 성향에서 벗어나도록 돕는다.

셋째, 설교나 훈계보다는 생각을 자극하도록 한다. 설교나 훈계의 내용이 아이에게 잘 전달되면 좋지만 자칫하면 부모나 아이의 마음이 상하기 쉽다. 따라서 한 단계 높은 생각을 자극하여 나름대로 판단하고 그 이유를 생각해보는 연습이 필요하다. 즉, '할머니께서 오시는데 마중을 가야 할까, 약속대로 놀이터에 가야 할까?' 또는 '토끼가 유치원에 늦었으니 빨리 가야 할까, 이를 닦고 가야 할까?'와 같이 친근한 생활의 이야기 또는 동물을 도입할 수도 있을 것이다. 이때 나누는 대상은 되도록 자신이 매일 접하는 상황일수록 실감이 날 것이다. '친구들이 밖에서 기다리는데 놀던 인형을 치우고 갈 것인가, 우선 던져놓고 나갈 것인가?'와 같은 것도 쉽게 볼 수 있는 예이다. 이때 결정을 내리지 못한다고 해서 강요해서는 안된다. 어떤 방향이든지 결정을 내려보도록 하고, 그러한 결정을 내린 이유를 이야기해보는 것이 중요하다. 또한 그 반대의 경우에 대해서도 생각해보도록 한다.

그러나 무엇보다도 중요한 것은 실천하는 분위기를 만들어가는 일일 것이다. 규범이란 올바른 행위나 품행의 기준 또는 규칙이다. 높은 가치를 생각하게 하는 일도 중요하지만, 받아들인 가치와 규범을 실천에 옮기도록 하는 일이 필수적이다.

동생에게 빼앗긴 부모의 사랑

"엄마, 동화책 읽어주세요."

"동생 재우고 나서 나중에…."

"엄마, 물 주세요."

"네가 좀 떠다 먹어라."

이전에는 아이가 원할 때마다 들어주던 일이 동생이 생긴 후에는 자꾸 뒤로 미루어지게 된다. 뿐만 아니라 "애 깨우지 마라", "조용히 해라" 등 요구사항도 늘어났고 "기저귀 좀 가져와라", "우유병 좀 집어줄래?"와 같이 심부름도 많아졌다.

부모의 관심과 애정을 담뿍 받던 아이에게는 동생이 생겼다는 것이 별로 달갑지 않게 느껴지기 마련이다. 그러다 보니 미운 마음도 생기고 조금 큰 형제들은 싸움이 잦아지기도 한다. 형이나 누나에게 있어서 동생은 귀엽고 예쁘기도 하지만, 때로는 경쟁자로 느껴지기도 하고 짜증스럽고 원망스러운 마음이 교차하기도 한다. 동생이 태어남으로써 일어나는 시샘이나 감정의 변화를 어떻게 도와줄 수 있을 것인가? 다음의 몇 가지 예를 생각해보기로 하자.

미리 태어날 동생에 대해 이야기 나눈다.

아기가 태어나는 일은 성교육에 관련되는 일이기도 하다. 그러나 아기가 태어나는 일 즉, 가족구성원이 늘어나는 일에 초점을 맞추어 축제의 기분을 이야기한다. 이때 아기가 태어나는 일은 기쁜 일이고 막연히 동생이 생기는 것은 좋은 일이라는 식보다는, 자연스럽게 큰아이가 태어나기 전후에 대한 이야기를 해주는 것도 도움이 된다. "네가 태어나기 전에 모두들 궁금해 했단다"라든지, "네가 태어났을 때 할머니께서 엄마를 덥썩 껴안으셨단다"라는 이야기도 실감나는 이야기이다. 아이들은 "어떻게 껴안았어요?" 하면서 흥미를 보이기도 한다. "이렇게 껴안으셨단다"하고 극놀이처럼 실감나게 말해주면 어른이 생각하는 것보다 의외로 반복해서 듣기를 원하기도 한다.

큰아이가 태어날 때 준비한 물건들, 지금 태어날 동생을 위해 준비하는 물건들, 또 목욕조같이 아이가 물려주는 물건들에 대하여 돌려주는 것도 의미가 있다. 아이들은 "나도 어렸을 때 이 통속에서 목욕을 했어요?" 하며 신기해 한다. 자연스럽게 어릴 때의 돌사진이나 그 무렵의 가족사진을 보면서 큰아이의 어린 시절을 얘기해주게 될 것이다.

축하의 마음을 전한다.

새 식구가 태어나면 주로 갓난아이에게 필요한 물건을 사게 되고 친척들도 모두 새로 태어난 아기 것만 사오기 마련이다. 큰아이의 입장에서는 식구나 주변 사람들이 모두 아기에게만 선물을 사가지고 와서 들여다보고 관심을 갖는 것으로 보여진다. 또한 백일이나 돌과 같은 특별한 생일을 보게 되므로 섭섭하게 느끼기 마련이다.

이때 형에게 동생과 함께 놀 수 있는 선물을 주는 것도 좋다. 또한 비록 조그만 것이라도 형이나 오빠가 된 것을 축하해주면 책임감으로 발전될 수 있다. 졸업하는 사람에게 졸업식 전날과 졸업식날은 하루라는 시간의 흐름 외에 별 차이가 없는 듯하지만, 졸업식을 맞이하고 많은 사람이 축하와 격려를 보낼 때 더 큰 포부를 갖게 되고 책임의식을 느끼게 되듯이, 아이들에게도 마찬가지다. "너도 형이 되었구나", "오빠가 되었으니 동생을 많이 돌보아주겠구나"와 같은 기대와 축하는 아이들에게 무엇인가 해줄 수 있는 리더십을 갖는 동기가 된다. 기저귀 심부름도 귀찮을 때는 '왜 나만 시키나, 나도 누워 있으면 좋겠다'는 생각을 하지만 동생에게 해주고 싶다는 생각으로 바뀌면 아마도 기쁘게 가져다줄 것이다.

동생만 사랑한다고 느끼지 않게 한다.

낮에는 동생과 놀아주기도 하고 형 노릇을 하다가도 밤이 되어 잘 때쯤이면 자기 방으로 가지 않고 엄마품에 안기려고 하는 경우가 종종 생긴다. 또 엄마품에 파고드는 동생을 제치고 실랑이를 할 때도 있다. 또 실제로 우유병을 빨고 싶어하거나 오줌을 싸는 등 유아기 행동을 보이기도 한다. 어떤 아이들은 눈을 찌르거나 꼬집거나 상처를 주기도 하고 동생이 가지고 있는 물건을 일부러 뺏는 등 공격적 행동을 보이기도 한다. 특히 어른이 없을 때는 주의가 필요한 경우가 의외로 많다.

이처럼 동생이 자신의 자리를 차지하고 있다고 생각할 때 공연히 질투심이 생기고 소외감을 느끼기도 한다. 부모는 일정한 잠자리에서 일정한 시간에 잠드는 습관을 들이는 데 크게 벗어나지 않는 범위에서 잘 타일러야 한다. 혼자서도 잘 할 수 있다는 자립심을 강조하거나 격려해줄 수도 있으며, 무엇보다도 동생이 생기기 이전과 다름이 없다고 느낄 수 있도록 하는 노력이 필요하다.

자존심을 상하게 하지 않도록 한다.

조금 나이가 들어 형제나 남매가 함께 노는 일이 많아짐에 따라 분쟁이나 싸움도 늘어나기 마련이다. "왜 동생만도 못하니? 창피한 줄 알아라"와 같은 말은 몹시 자존심을 상하게 하므로 가급적 피하는 것이 좋다. 특히 둘이라는 수는 협조보다는 긴장관계를 조성하기 쉬우므로 한 편을 지나치게 편들거나 둘 다 무작정 야단을 치는 것도 바람직하지 못하다. 부모가 재빨리 나서서 잘잘못을 성급히 판단하거나 결론을 내리기보다는, 아이들끼리 해결할 수 있는 것은 되도록 지켜보며 둘 사이의 중재자가 되는 것이 바람직하다.

옛날처럼 여러 형제들이 부대끼며 살던 시절과는 달리, 현대사회로 오면서 아이에게 쏟는 관심은 더욱 커지게 되었다. 혼자서 사랑을 독차지하던 형에게 동생의 출현은 분명 큰 사건이다. 동생이 생기자 갑자기 대우가 달라진 것이다. 엄마 곁에 가까이 가면 자꾸 "저리 좀 가 있어라" 하고 밀쳐내고, 사람들은 선물을 사와 동생만 들여다보고, 그렇지 않아도 속상한데 엄마까지 동생편이 되는 것 같은 느낌이 드는 것이다. 무엇보다도 큰아이에게는 '엄마가 나를 사랑한다'는 흡족함이 채워진 후에야 동생에 대한 양보도 형 노릇도 신이 나게 될 것이나.

빌려온 귀고리 한 쪽을 잃어버렸다면?

아침에 유치원에 갈 차비를 하는 아이가 웬지 시무룩해 있었다. 엄마가 무슨 일이 있느냐고 계속 물어보자 끝내 눈물을 뚝뚝 떨어뜨렸다. 대강의 이유인즉 이러했다. 어제 유치원에서 친구가 장난감 귀고리를 자랑하다가 아이에게 빌려주었는데, 윗옷 주머니에 넣고 집에 와서는 잊어버리고 지내다가 아침에 생각이 나서 주머니를 뒤져보니 한 쪽이 없어졌다는 것이다. 엄마는 어딘가에 있을 것이니 잘 찾아보라고 하였지만, 있을 만한 곳은 다 찾아보았지만 어디에도 없었고 아이는 걱정이 되어 유치원에 가고 싶어하지 않았다.

가진 것을 자랑하고 서로 교환하거나 빌려주는 것은 유치원 시기의 아이들에게 흔하게 일어나는 일이다. 소유물은 때때로 조금 특별한 것일 수도 있으나 보통은 연필, 딱지, 지우개, 반짝이 스티커, 구슬, 심지어는 껌종이, 성냥개비 등에 이르기까지 수두룩하며 때로는 선심을 쓰는 데 사용되기도 한다. 소유물은 먹고 싶거나 갖고 싶은 것으로 바꾸기도 하고, 그 자체가 놀이의 원천이 되기도 하며, 또 힘이 되기도 한다. 조그만 것을 꺼내보이고 자랑하고 비교하다가 맞바꾸어 집으로 가져오기도 하고 또 빌려주고 빌려오기도 하는 것이다.

엄마가 "오다가 네가 흘렸나보다"라고 말하자 아이는 절대 흘리지 않았다고 했다. 하기야 흘린 줄 알았다면 오던 길을 찾아 헤맸을 것이며, 어쨌든 아이는 흘릴 수 있는 가능성도 인정하려 들지 않았다. 또 괜찮다고 계속 달래기만 하는 것도 아이에겐 도움이 되지 않았다. 아이에게 중요한 것은 당장 똑같은 귀고리가 없다는 것이며, 유치원에 가서 어떻게 해야 할 것인지 대책이 서지 않으므로 최종 수단인 울음으로 감정을 나타낼 수밖에 없는 상황인 것이다.

엄마는 아이와 함께 어떻게 하면 좋을지 생각해보기로 했다. 우선 똑같은 것을 사주자고 하였다. 아이는 안 된다고 했다. 왜냐하면 그 귀고리는 파는 것이 아니라 문구점 앞의 '뽑기'에서 나온 것이기 때문이다. 100원짜리 동전을 넣고 손잡이를 돌리면 큰 플라스틱 구슬이 하나씩 떨어지는데 그 속에서 나온 상품 가운데 하나라는 것이다.

이번에는 아이가 뽑기를 해보자고 했다. 엄마와 아이는 뽑기를 한다고 해도 똑같은 상품이 안 나올 수도 있다는 생각에 도달할 수 있었다. 훤히 들여다보이는 통 속의 상품이 곧 나올 것 같지만 열 번을 한들 귀고리가 나온다는 보장이 없으며, 또 똑같은 것이 나온다는 것은 더욱 기대하기 어렵다. 그래도 처음에는 아이가 자꾸자꾸 계속하면 나올 수 있다고 우겼다. 100원을 넣고 돌리고, 또 100원 넣고 돌리고… 이렇게 해서 일어날 결과에 생각이 다다르게 되었다.

엄마가 이번에는 미안하다고 사과를 하는 방법을 제안했다. 그러나 그것만 가지고는 마음에 차지 않는다는 듯이 "안된다고 하면 어떡해?" 하고 대답했다. 엄마는 귀고리를 빌려준 아이가 갖고 싶은 것을 사주자고 제안했다. 아이는 조금 수긍을 하는 듯했다.

엄마와 아이는 결국 이 생각 저 생각 끝에 다음과 같은 결정을 내렸다. 우선 유치원에 가서 잃어버린 귀고리 한 쪽에 대하여 말하고 미안하다고 말한다. 그리고 유치원이 끝나면 친구와 같이 문구점 앞에 가서 뽑기를 해보자고 한다. 둘이서 두 번씩 해보아도 나오지 않으면 "우리 엄마가 네가 갖고 싶은 것으로 사주신다고 하셨어"라고 말하기로 하면서 400원을 들려 보냈다. 뽑기는 한 번에 100원이므로 둘이서 두 번씩 해볼 수 있는 금액이었다. 아이는 "그래도 친구가 화내면 어떻게 해?" 하면서 약간은 걱정스러운 빛이었으나 엄마와 내린 결정에 안심이 되었는지 유치원을 향했다.

나중에 안 일이었지만, 아이는 유치원으로 바로 가지 않고 문구점 앞에서 뽑기를 먼저 한 후에 유치원으로 향했다. 아마도 혹시나 잃어버린 귀고리와 똑같은 귀고리가 뽑힐 것을 기대했으리라! 나름대로 유치원을 향하는 길에 문제를 해결하려고 이리저리 궁리했을 모습이 떠오른다. 그리고 아이의 친구는 네 번의 뽑기 중에 나온 반지를 더 마음에 들어해서 함께 나누어 가지고 재미있게 놀았다고 했다.

걱정하고 궁리하고 어려운 말을 꺼내서 합의하고 화합하는 과정은 아이에게 귀한 경험이었다. 이처럼 인간관계에서 일어나는 상황에 바람직하게 대처하는 일이 바로 대인문제해결 능력이다. 대인문제해결 능력은 일상생활에서 일어나는 인간관계의 갈등상황에서 그 문제를 해결하기 위하여 생각하는 능력이다. 이것은 유아가 사회적 적응을 하는 데 필요한 사회인지능력과 관련된다. 대인문제해결 사고에는 대인문제에 대한 인식, 다른 방법을 찾아보는 대안적 해결사고, 일어날 결과를 예측하는 사고, 대인문제의 원인을 파악하는 사고, 방법과 결과 간에 관계를 지어보는 수단-목적사고 등이 포함된다. 이러한 능력은 문제를 강하게 느끼고 다른 방법을 찾아보며 그 결과를 예측하거나 관계지어봄으로써 길러질 수 있다.

친구에게 잃어버린 귀고리 한 쪽을 어떻게 말할 것인가 하는 문제상황에 대하여 뽑기를 해보자, 사과를 하자, 사주기로 하자는 대안적 사고과정을 통하여 그 결과를 예측하여 평가해볼 수 있었다. 여러 대안적 사고와 그 결과를 예측하는 과정에서 수단과 목적을 연결하게 되고, 궁극적으로는 나와 다른 사람의 입장을 번갈아가며 조망해보는 경험을 갖게 된 것이다.

"뭐하러 그런 것은 빌려 오니?" 또는 "할 수 없다. 미안하다고 사과해라."라거나 " 더 좋은 것으로 사줄게." 라고 했던들 인간관계에 있어서 다양한 문제해결의 기회는 일어나지 않았을 것이며, 아이는 다음에 일어나는 또 다른 상황에 대하여도 자신감을 갖기 어려웠을 것이다.

샐러드 만들기도 즐거운 학습

    TV의 요리 프로그램을 보고 나서 아이는 자기도 요리를 해보고 싶다고 한다. 뿐만 아니라 엄마가 음식을 만들고 있을 때 부엌으로 따라 들어와서 거들겠다고 끼어들기도 하고, 멀리서 발뒤꿈치를 들고 들여다보기도 한다. 심지어는 의자를 놓고 올라서서 쳐다보며 엄마가 음식 만드는 모습을 지켜본다. 엄마로서는 기름이 튈까 걱정되기도 하고 또 바쁘기도 하기 때문에 "이 다음에 커서 해라" 하고 비키라고 하기 일쑤다. 또는 "먹고 싶니?" 하고 부쳐놓은 것이나 막 부친 것을 따뜻하게 먹이려고 담아주고는 떨어져 있기를 권한다. 이렇게 아이가 곁에 있으면 음식을 빨리 만들고 끝내려 한다. 하지만 조금만 여유를 가지고 요리하는 과정을 함께 즐긴다면 다양하고도 가치있는 학습효과를 얻을 수 있다.

    서너 살짜리 어린 아이가 우유에 초코시럽을 타먹는 것은 흔히 볼 수 있는 일이다. 이때 유리컵에 우유를 따르고 시럽을 넣고 젓는 과정을 자연스럽고도 다양한 학습으로 연결할 수 있다. 흰 우유가 초코시럽과 합해져서 색깔이 혼합되는 과정이나 맛과 냄

새를 구별하는 일은 훌륭한 과학활동이다. 이때 물론 유리컵에 우유를 따를 높이만큼 색테이프를 감아주거나 초코시럽 또는 가루를 한 숟가락, 두 숟가락씩 넣도록 지정해주는 것도 보다 과학적인 학습과정이다. 아이는 우유가 섞이는 색의 변화뿐만 아니라 숟가락으로 저을 때 우유가 빙빙 도는 모습도 신기하게 여기며 즐긴다.

달걀 프라이나 부침도 물질의 변화를 알아볼 수 있는 좋은 기회이다. 아이는 모양, 크기, 색의 변화를 경험하게 될 것이다. 둥근 모양이 길고 편편하게 변화되기도 하고, 오래 불에 놓여있을 때 크기가 변하는 것도 알게 된다. 달걀을 깨서 휘젓게 되면 색깔이 변한다는 것과 소금을 넣거나 당근, 양파 등을 넣는 과정에서 여러 가지 야채의 이름을 알게 된다. 이러한 과정을 통하여 음식은 여러 가지 방법에 따라 맛이 다름을 알게 된다.

사과를 믹서에 갈아서 사과 주스를 만드는 과정도 마찬가지이다. 고체가 액체로 변화하는 과정을 보고 관련된 언어를 습득하며 달다, 새콤하다와 같은 맛에 대하여 직접 경험하게 된다. 뿐만 아니라 음식의 모양은 변하여도 같은 맛을 낸다는 사실도 느끼게 된다. 달걀부침이나 국에 파를 넣었을 때와 같이 모양이 변하면 맛이 달라지는 경우와 비교가 되는 경험이기도 하다.

아이와 함께 야채 · 과일 샐러드를 만들어보기로 하자.

오이, 당근, 바나나, 사과, 귤, 건포도, 마요네즈와 같은 재료를 준비하고 집에서 항상 쓰는 숟가락, 케이크칼, 도마, 그릇, 접시, 포크 등의 소도구를 준비한다. 우선 오이, 당근, 사과 등의 식료품의 이름을 알게 될 것이며 칼, 도마, 접시 등의 도구의 이름을 알게 된다. 껍질벗기기, 자르기, 휘젓기와 같은 조리활동과

딱딱하다, 연하다, 울퉁불퉁하다와 싱싱하다, 물렁물렁하다와 같은 상태를 알게 된다. 또한 과일, 야채 등의 분류가 가능하며 색깔, 모양, 맛의 비교와 대조도 가능하다. 뿐만 아니라 '빨리', '~까지 ~한 다음'과 같은 시간개념을 터득하는 기회가 될 수 있다. 이처럼 맛을 비교하거나 오이의 겉과 바나나, 당근의 표면을 손으로 만지면서 말하는 기회는 지각적 언어능력에 해당된다. 또 수를 세거나 과일과 야채, 재료와 도구의 차이점을 말해보는 경험은 분석적 언어능력이다. 또한 샐러드를 만드는 순서를 이해하고 말하거나 "마요네즈가 골고루 섞였을 때~"와 같이 시제에 맞추어 말하는 것은 종합적인 언어능력이며, "왜 물이 많이 생겼을까?"와 같이 원인과 결과 또는 이로 인한 예측이 포함되는 경험은 추리적 언어능력에 속한다.

　재료를 나누고, 세고, 같은 크기로 자르는 과정에는 다양한 수학적 · 과학적 개념이 도입된다. 비교, 분류, 서열을 포함하여 "접시는 몇개가 필요할까?"와 같은 생각이나 앉아서 먹을 자리에 접시를 놓는 일은 수의 대응이며, 가스렌지 스위치의 숫자가 열의 세기와 관련되어 있음도 경험하게 된다. 이 그릇에서 저 그릇으로 재료를 옮겼을 때 그 과정을 거꾸로 생각하는 가역적인 변화과정을 경험하며, 좁은 그릇과 넓은 그릇에 따라 담긴 모습이 달라지는 것도 과학적 경험이다.

"오이는 오독오독하며, 사과는 새콤하고, 건포도는 달다"와 같은 분류활동, 담긴 모양이 달라져도 샐러드의 양은 변함이 없다는 것을 알게 되는 보존능력의 연습도 논리적 사고의 발달과정이다. 또 마요네즈를 넣고 버무리는 데는 소근육협응이 필요하며, 숟가락을 사용하는 양의 측정을 인식하게 된다. 샐러드를 만들기 전에 손을 씻거나 다치기 쉬운 칼과 그릇을 안전하게 다루는 경험도 기본 생활습관에 관련되며 다양한 근육의 협응과 조절이 이루어지게 된다.

이와 같은 언어적 · 인지적 · 과학적 학습효과 이외에도 샐러드를 무엇으로 만들 것인가, 집에 있는 재료가 무엇인가 의논하고 계획하며, 나누어 먹고 설거지하는 과정과 연결함으로써 사회 · 정서적 경험이 이루어진다. 서로 나누어 먹음으로써 상대방에 대한 배려는 물론 '나도 할 수 있다'는 성취감과 긍정적인 자아개념을 갖게 된다. 이러한 성취감은 일하는 것이 즐겁다는 것을 포함하여 책임감을 기르는 기회가 되는 것이다.

"우리도 요리를 하자"는 아이들의 제안을 너무 거창하게 생각하지 말고 간단한 간식을 차근차근 함께 만들어보자. 요리는 입맛에 맞도록 식품의 맛을 돋구어 조리하는 일이다. 주스 만들기, 고구마 삶기, 화채만들기 등 무엇이든지 가능할 것이다. 보고, 만지고, 냄새맡고, 듣고 맛보는 오감각이 동원되는 가운데 즐겁고 다양한 학습이 이루어질 수 있을 것이다.

나는 금메달형 부모인가?

"이거 누가 사 주었니?"

과자봉지를 들고 하나씩 꺼내 먹고 있는 어린 아이에게 묻는다.

"우리 아빠가요."

"공원에 누구와 갔었니?"

"우리 엄마, 아빠랑이요."

자랑스러움이 배어 있는 우리 엄마와 아빠, 옆에 있기만 해도 저절로 힘이 솟는 엄마와 아빠, 아이의 마음 속에 그려지는 엄마 아빠는 어떤 모습이며 또 어떤 모습이어야 하는가를 생각하면 결국 바람직한 부모역할을 떠올리게 된다.

『잘못된 교육』의 저자 엘킨드는 부모의 교육 스타일을 여덟 가지로 분류하였다―미식가형 부모, 학사출신 부모, 금메달형 부모, 자립을 강조하는 부모, 개척자형 부모, 자수성가형 부모, 유명 프로그램을 따라 다니는 부모, 신비스럽고 달콤한 부모.

말 그대로 미식가형 부모는 좋은 집과 고급 자동차, 휴양지에서 즐길 수 있는 능력을 갖추고 자신의 출세와 성공을 위해 열심히 일했던 방법으로 아이를 기른다. 자녀양육에 대한 책도 읽고 가장 비싼 옷, 좋은 장난감, 유명한 일류 학교를 찾아다닌다. 아이에게 스키, 수영 등 모든 재주와 기능을 습득하게 하며 앞서가기를 기대한다. 학사출신의 부모는 일찍부터 학문적으로 뛰어나기를 기대하므로 교육과정에 관심이 많고 아이가 지적으로 탁월하기를 기대한다.

금메달형 부모는 아이가 금메달을 획득하기를 바라며 '스타'를 만들고 싶어하는 유형이다. 자립을 강조하는 부모는 아이들은 속도와 시간에 따라 서서히 발달한다는 가치를 받아들이고 있기 때문에 양육에 대하여 상당히 여유가 있다.

개척자형 부모는 교육이란 아이들이 험난한 세상에서 생존하기 위한 기능이라고 믿으며 문제를 민감하게 받아들인다. 가령 태권도를 자신의 건강을 위해서라기보다는 자기방어의 기술로 더 강하게 인식하는 스타일이다.

자수성가형 부모는 다른 사람과 같은 교육계통을 밟지 않고 경제적으로 성공한 유형이다. 지식인에 대한 불신감이 있는 반면, 교육이 가져다 주는 계층이나 계급에는 대단한 매력을 느끼므로 아이들이 그저 놀기만 하면 시간을 낭비한다고 생각한다.

유행하는 PET(Parent Effective Training:부모효율성훈련) 인간관계 프로그램을 쫓아다니는 부모는 특히 대도시에 많이 나타나는 유형이다. 때로는 치료요법에 심취하고 심리학의 유행사조에 깊이 젖어 있기도 하며 아이들이 민감하고 감각적이기를 기대한다.

신비스럽고 달콤한 부모는 유아기를 진정으로 가치있게 보며 아이의 성장단계 하나하나를 경이롭게 감탄하며 동심을 아름답게 가꾸어야 한다는 생각이 남다르다. 세상의 압력에 조금은 무관하며 따뜻하고 안락한 환경에서 아이들이 관찰하고 탐색하며 함께 잘 놀 수 있으면 참으로 행복하다는 관념이 강하다.

이 여덟 가지 형태의 부모의 모습은 대부분의 부모가 부분적으로 또 혼합적으로 갖고 있는 특성으로, 어느 유형이나 장단점이 있기 마련이다. 예를 들면 좋은 옷, 좋은 장난감을 주는 미식가형 부모가 나쁠 것은 없지만, 적어도 너무 어린 시기에 부유한 생활양식에 물들게 되면 어린이는 부모의 기대와는 정반대로 나타날 수도 있다. 자율성을 기르지 못하고 사람을 한 인간으로 이해하기보다는 소유에 따라 평가하게 되는 결과를 낳기도 하는 것이나 마찬가지다. 또한 자수성가형의 부모나 금메달형 부모가 기대하는 영재가 되기보다는 서툴고 어설픈 가장된 모습이 나타날 수도 있을 것이다.

그러나 현대사회의 부모는 과거 어느때보다도 분명히 혼란스럽다. 부모는 당연히 '이러이러해야 한다', '이것이 바로 부모다운 일이다'라는 고정된 개념이 점점 사라지고 있다. 바람직한 부모역할을 모색하는 단체나 모임도 많아지고 있다. 좋은 아버지 모임, 어머니들이 아이의 동화를 선택해주는 등의 크고 작은 모임들이 부쩍 생겨나는 것도 좋은 예이다. 다양성이란 그만큼의 선택과 책임을 부여하기 때문에 때때로 혼돈을 주기도 한다. 유명한 육아 박사의 저서를 읽고 있노라면 아버지는 마치 어머니같이 자상하고 세심하며 아이가 원하는 것을 그대로 따라주어야 할 것 같고, 또 어떤 책에서는 부모는 가정의 기강을 세우고 목표의식을 가진 강인한 자세를 고집해야 할 것도 같다.

혼란스러운 생각의 한 자락을 정리하면서 성장한 사람들이 때때로 어린 시절의 부모님을 회상하면서 감동하는 모습을 떠올린다. 그들 대부분이 "우리 부모님은 엄격하고도 자상하셨다"는 표현을 자주 하는 것을 본다. 일찍이 학자들은 '부모 노릇'에 대한 연구를 시작했고, 가족 내의 부모역할을 도구적 기능과 표현적 기능의 두 가지로 구분하였다.

도구적 기능은 전통사회에서는 주로 아버지가 맡았던 역할로 의사를 결정하고 방향을 제시하며 관리·통제하는 기능이다. 표현적 기능이란 전통적으로는 주로 어머니를 연상시키는 따뜻함, 온화함, 안락함 등의 정서적 배려를 의미한다. 따라서 엄격하셨다는 것은 도구적 기능의 특징이고 자애로우셨다는 것은 표현적 기능의 특징이다.

어떤 형태의 부모이든 누가 어떤 역할을 담당하든지 간에 가족 내에서 두 가지 역할기능이 자극과 견제를 유지하면서 균형을 이루도록 하는 일이 필요할 것이다. 학자들마다 가족이라는 작은 사회에서 필요한 이 두 가지 기능을 지적한 것은 동서고금을 통하여 상반된 두 특성이 서로 조화를 이루어야 함을 가르치고 있는 것이다.

················· 김영옥 ·················

이화여자대학교 교육학과를 졸업하고 이화여자대학교 대학원에서 유아
교육을 전공했다(문학석사). 미국 Peabody College of Vanderbilt
University에서 유아교육을 전공하였고(교육학 박사), Boston
University와 Peabody College of Vanderbilt University에서 객원
교수를 지내기도 했다. 현재는 전남대학교 유아교육과 교수로 재직하
고 있다.
대답을 기다리자(1992, 서원), 유아사회교육(1993, 양서원), 유치원
행사활동계획(1995, 동문사) 등의 저서가 있다.

김영옥 교수의 자녀교실

아이들의 생각에 날개를 달아주자

1997년 9월 20일 1판 1쇄 발행
2010년 2월 20일 1판 7쇄 발행

지은이 • 김 영 옥
펴낸이 • 김 진 환
펴낸곳 • ㈜학지사

121-837 서울시 마포구 서교동 352-29 마인드월드빌딩 5층
대표전화 • 02) 330-5114   팩스 • 02) 324-2345
등록번호 • 제313-2006-000265호
홈페이지 • http://www.hakjisa.co.kr
커뮤니티 • http://cafe.naver.com/hakjisa

ISBN 978-89-7548-166-6 03370

정가 7,000원